Inmigración
y
Ciudadanía
en los EE.UU.
Preguntas
y
Respuestas

Segunda Edición

Inmigración

y

Ciudadanía

en los EE.UU.

Preguntas

y

Respuestas

Segunda Edición

Debbie M. Schell
Richard E. Schell
Kurt A. Wagner
Abogados

Traducción: Marta C. Quiroz-Pecirno

SPHINX® PUBLISHING
AN IMPRINT OF SOURCEBOOKS, INC.®
NAPERVILLE, ILLINOIS
www.SphinxLegal.com

Segunda Edición, 2007

Publicado por: **Sphinx® Publishing, Impresión de Sourcebooks, Inc.®**

Naperville Office
P.O. Box 4410
Naperville, Illinois 60567-4410
630-961-3900
Fax: 630-961-2168
www.sourcebooks.com
www.SphinxLegal.com

Esta publicación está destinada a proporcionarle información correcta y autorizada respecto a los asuntos cubiertos. Se vende entendiéndose que la editorial no se compromete a suministrar servicios legales o contables, ni ningún otro tipo de servicios profesionales. Si se requiere asesoramiento legal u otro tipo de consulta profesional, se deberán contratar los servicios de un profesional competente.

De una Declaración de Principios aprobada conjuntamente por un Comité de la Asociación Americana de Colegios de Abogados y un Comité de Editoriales y Asociaciones

Este libro no reemplaza la ayuda legal.
Advertencia requerida por las leyes de Texas.

Library of Congress Cataloging-in-Publication Data
Schell, Debbie M.
  Inmigracion y ciudadania en los EE.UU. : preguntas y respuestas / by Debbie M. Schell, Richard E. Schell and Kurt A. Wagner. — 2. ed.
     p. cm.
  ISBN-13: 978-1-57248-572-3 (pbk. : alk. paper)
  ISBN-10: 1-57248-572-8 (pbk. : alk. paper)
  1. Emigration and immigration law—United States—Miscellanea. I. Schell, Richard E. II. Wagner, Kurt A. III. Title.

KF4819.6.S33518 2006
342.7308'2—dc22
                                                    2006032141

Printed and bound in the United States of America.
SB — 10 9 8 7 6 5 4 3 2 1

RECONOCIMIENTO

Queremos agradecer a todas las personas que contribuyeron e hicieron posible la edición de este libro. Deseamos darles las gracias a Andrea, Anna Lena, Nathan y Chrisopher por el amor y el apoyo que nos brindaron. Asimismo desearíamos agradecer a Bruni y Doren por vuestra devoción y gran colaboración.

Adicionalmente, reconocemos el estímulo y apoyo moral que nos brindaron numerosos miembros de familia, amigos y colegas de Austria, Alabama, Des Planes, Evanston, Lombard y Polo. Finalmente, deseamos presentar un especial agradecimiento a Dianne y Mike en Sphinx por la fé y el apoyo que nos brindaron en este proyecto.

Contenido

Nota del Editor

Durante los últimos años, las agencias gubernamentales responsables de los beneficios y ejecución de la ley han pasado por grandes reorganizaciones y cambios de nombre. El Servicio de Inmigración y Naturalización (ISN), que operaba bajo el Ministerio de Justicia, fue la agencia gubernamental con mayores asuntos inmigratorios. Ya no existe. Luego del evento del 11 de septiembre del 2001, el gobierno consolidó la mayoría de las actividades relacionadas con la seguridad del suelo patrio (la cual incluye temas de inmigración) dentro del Ministerio (Departamento) de Seguridad del Suelo Patrio (DHS).

Bajo el DHS, veintidós agencias domésticas diversas comenzaron a coordinarse en un departamento para proteger la nación en contra de las amenazas, proveyendo una defensa de la nación mejor coordinada. Las divisiones del DHS analizan estas amenazas y coordinan las reacciones a futuras emergencias.

Como parte de esta organización, se crearon agencias del gobierno que se hicieron cargo de las funciones del INS. Dentro de esas agencias están incluidas: la agencia de Ciudadanía y Servicios de Inmigración (la cual es la que más se relaciona con asuntos inmigratorios), la agencia de Inmigración, Aduana y Ejecuciones Legales y la agencia de Aduanas y Protección Fronteriza. Durante la transición, las agencias se han denominado con una variedad de nombres y siglas. Inicialmente se le asignaron las siglas BCIS, BICE, y BCBP respectivamente.

Constantemente hay cambios dentro de las agencias gubernamentales (especialmente aquellas que tienen que ver con inmigración). A finales del 2003, las agencias reemplazaron la "Agencia de" por "Estados Unidos;" de este modo cambiaron el nombre por Servicios de Inmigración y Ciudadanía de los Estados Unidos; Ejecución de la Ley y Aduanas de Inmigración de los Estados Unidos; y Protección de las Fronteras y Aduanas de los Estados Unidos. Con estos cambios designados, se utilizaron nuevas siglas: USCIS, ICE, y CBP respectivamente. Esta publicación utiliza las nuevas designaciones. Pero probablemente encuentre los nombres previos que se han usado o la combinación de los viejos con las nuevas denominaciones que provienen de otras fuentes.

Introducción

¿Por qué en algunas ocasiones es mejor ser esposo(a)?

¿Cómo puedo tener siempre 20 años?

¿Qué pasa con mi visa si pierdo mi trabajo?

Conocí a mi esposa por el Internet, ¿puede venir a los Estados Unidos?

¿Cuál es la nueva Visa V y cómo la puedo obtener?

Si voy a mi casa (país) a cuidar a mi madre ¿puedo perder mi Tarjeta de Residencia?

¿Puedo obtener la ciudadanía estadounidense por medio de mí fallecido abuelo?

Este libro responde esas preguntas y muchas otras, de manera que esperamos le quite un poco el misterio de la complejidad de la ley de inmigración y de ciudadanía de EE.UU. y el formato está designado para hacer más fácil el acceso de información.

La mayoría de los libros requieren que sus lectores se clasifiquen a sí mismo para encontrar la información que desean; "Déjame ver...soy un visitante de negocios no inmigrante o alguien transferido entre las compañías...." Nuestro modo de resolver, es dejar que el lector encuentre la información basándose en lo que desee hacer o lo que está haciendo en los Estados Unidos. ¿Desea visitar los EE.UU.? ¿Trabajar en los EE.UU.? Entonces, simplemente haga la pregunta y encuentre la respuesta que necesita.

Bajo cada pregunta de importante actividad (¿Cómo vivo...trabajo...o me entretengo...?) usted encontrará una breve revisión de la ley de inmigración y de los procedimientos aplicables para esa actividad seguida de las preguntas y respuestas. Las preguntas varían desde preguntas generales acerca de la actividad a preguntas más específicas sobre aspectos particulares y problemas en esas áreas. Debido a que las preguntas están basadas en casos de la vida real y los temas más comunes, usted tendrá la posibilidad de encontrar información directamente aplicable a su situación.

Hemos tratado de evitar abreviaturas y siglas donde ha sido posible así usted no tendrá que buscar continuamente los nombres de las agencias u organizaciones que mencionamos. La única excepción es el Servicio de Ciudadanía e Inmigración de los Estados Unidos, una agencia del Ministerio o Departamento de Seguridad del Suelo Patrio, el cuál es la autoridad más importante en los Estados Unidos. Nosotros usamos la abreviatura USCIS para esta agencia a través de todo el libro. El USCIS es el sucesor del famoso Servicio de Inmigración y Naturalización o INS.

Este es un libro de Preguntas y Respuestas (P y R) así que comencemos con un ejemplo.

P ¿Cómo utilizo este libro?

R Si sabe lo que desea hacer en los Estados Unidos, o tiene una pregunta específica que desea que le contesten, vaya directamente al capitulo que más se asemeje a su actividad.

El sitio web oficial del gobierno y asociaciones, tanto como las organizaciones sin beneficio de lucro que se ocupan de temas de inmigraciones pueden encontrarse en el Apéndice A y B, respectivamente. Las oficinas del USCIS se encuentran descriptas en el Apéndice C. Si desea ver como EE.UU. afecta la vida diaria y el futuro de la gente sobre todo el mundo, léase todo el libro como una novela de principio a fin. Muchas de las preguntas se pueden leer como un melodrama donde la respuesta puede determinar el futuro de alguien.

Sinceramente esperamos que esta manera de redactarlo haga posible el hecho de que las leyes de inmigración de EE.UU. sean más asequibles para usted y le puedan ayudar a alcanzar sus metas en los Estados Unidos.

Este libro también contiene varios apéndices que pueden, de hecho, ser la parte más importante del libro para usted. Puede usarlo mucho tiempo antes de que la información que contienen los capítulos quede sin efecto debido a una nueva ley. Puede obtener ayuda e información de última hora.

No obstante, tenemos que solicitar su colaboración y advertirle que tenga precaución. A veces las conexiones de Internet tienen un plazo de vida corto. Pueden cambiar sin ninguna notificación previa o simplemente desaparecer. Todos los días se agregan nuevas conexiones y nuevos sitios web. Si descubre que una conexión ya no existe o encontró otro sitio Web que le puede resultar de mayor interés le ayudará a otros futuros lectores de este libro, por favor comparta con nosotros la información. Apreciaremos mucho la comunicación suya, envíe sus sugerencias o nuevas direcciones a:

Oficina del Abogado Kurt A. Wagner
Post Office Box 3
Des Plaines, Illinois 60016

www.WagnerUSLaw.com
Wagner@wagneruslaw.com
Shell@wagerneruslaw.com

MUCHAS GRACIAS

Debbie M. Shell
Richard E. Shell
Kurt A. Wagner

ADVERTENCIA Y RENUNCIA

Se han hecho todos los esfuerzos necesarios para que este libro sea preciso y actualizado. No obstante, ni el editor ni los autores pueden garantizar la precisión de la información contenida en el mismo. Las leyes de Inmigraciones y sus regulaciones cambian frecuentemente, algunas veces diariamente, y además pueden ocurrir errores de imprenta. Este libro se vende solamente, con propósito informal, no crea una relación de abogado a cliente y no reemplaza la asistencia legal. La confianza relacionada con la información de este libro es a cargo de su propio riesgo. Usted debe consultar con un abogado de inmigración competente antes de tomar cualquier acción sobre temas de inmigración.

1.

Definición de Familia

En este capítulo, contestamos preguntas sobre cómo la ley de inmigración de los Estados Unidos define las relaciones familiares. Existe una razón por la cual éste es el primer capítulo del libro. Su elegibilidad para obtener una visa puede depender de su relación familiar. Su elegibilidad para patrocinar (ayudar legalmente) a un miembro de su familia puede depender de su relación familiar. Su elegibilidad de venir a vivir con (o unirse a) un miembro de su familia que tiene visa depende, indudablemente, de su relación familiar.

¿Cómo sabe si usted tiene la relación familiar adecuada? La mayoría de las veces, puede confiar en su sentido común. Usted sabe quién es su esposo, su esposa, quienes son sus hijos, quienes son sus padres y quienes son sus hermanos y hermanas. Usted sabe esto porque se ha casado, se han criado juntos y viven juntos. Todos conocen a su familia.

La mayoría de las veces, cuando usted lee un formulario de inmigración y se le pide que lo llene en nombre de su esposo(a) o de su hermano(a), usted no va a tener ningún problema en llenarlo, pero como en casi todo lo referente a la ley de inmigración, existen sutilezas y complejidades. Entonces vale la pena que usted sepa con anticipación si va a tener un problema.

Este capítulo es importante para todos porque prueba que la relación familiar es el primer obstáculo que hay que sobrepasar en cualquier aplicación de visa basada en la familia y en mantener a la familia unida si usted quiere vivir, estudiar o enseñar en los Estados

Unidos. Este capítulo es especialmente importante para familias con niños adoptivos, hijastros, medio hermanos o hermanas, o para cualquier relación familiar que sea un poco diferente de lo que la USCIS pueda considerar tradicional.

Este capítulo también es importante ya que se tratan los cambios de la ley que se produjeron después del 11 de Septiembre del 2001. Por ejemplo, la Ley de Protección del Estatus del Niño (Child Status Protection Act). Esta norma ayuda a las familias (con hijos) que han estado esperando respuesta a sus solicitudes de visa de inmigrantes por mucho tiempo. Durante la espera, los hijos mantienen el estatus de niños. La Ley "Patriota" de EE.UU. dispone que los hijos y esposa(o) de alguien considerado inadmisible a los Estados Unidos por razones relacionadas con actos terroristas, también sean inadmisibles a los EE.UU.

MATRIMONIO

PMe voy a casar la semana que viene con mi prometida en México. Ambos somos mexicanos. A mí me ofrecieron un trabajo en los Estados Unidos y, por supuesto, queremos estar juntos. ¿Podemos?

RSí, por supuesto. Una vez que estén legalmente casados en México, su esposa o su marido se convierte en su cónyuge para propósitos inmigratorios de los Estados Unidos (EE.UU.) en cualquier aplicación de visa que usted haga después del matrimonio. La visa de trabajo que usted quiere usar para venir a los Estados Unidos específicamente, le permite que su esposo(a) lo acompañe.

P Soy ciudadana de los Estados Unidos (EE.UU.) y planeo casarme con alguien que no es ciudadano estadounidense. Para propósitos de inmigración, ¿cuándo se convierte mi futuro esposo en mi esposo?

R Su futuro esposo se convierte en su cónyuge el día de su matrimonio. En esa misma fecha, para propósitos de preferencia inmigratoria, su nuevo esposo se convierte en familiar inmediato. También, si su futuro esposo no está en los Estados Unidos, usted debería revisar las regulaciones que gobiernan a la visa de prometido(a) (Visa K). La Visa K es para prometidos(as) de ciudadanos estadounidenses que vienen a los Estados Unidos para casarse dentro de los noventa días de su llegada.

P ¿Qué es un matrimonio válido?

R Un matrimonio válido, para propósito de las leyes de inmigración de los EE.UU., es aquel que se conduce con todas las formalidades y solemnidades de ley, es legalmente exigible bajo las leyes del país donde se celebró y donde ambas partes estuvieron presentes, físicamente durante la ceremonia. Usted debe saber que, si el matrimonio tuvo lugar fuera de los Estados Unidos y planea utilizar el matrimonio como fundamento para que su cónyuge emigre a los Estados Unidos, puede ser que usted tenga que empezar un proceso ante el consulado de los EE.UU. en el país donde se casaron.

P¿Qué tipo de documentos puedo utilizar para probar que mi esposo y yo estamos legalmente casados?

REl documento más importante es el certificado original o copia certificada del acta de matrimonio emitido por la municipalidad, juez de paz u otra autoridad competente en el país donde se casaron. Si usted solicita una visa al consulado de los EE.UU. usando su matrimonio como su justificación legal para emigrar, el oficial consular le dirá qué documentos necesita y si se requiere una traducción oficial al inglés. Si existe alguna pregunta sobre si su matrimonio fue efectuado de buena fe, puede que se le pida que presente otros documentos. Algunos de estos documentos pueden ser copias de los impuestos declarados conjuntamente, fotografías de sus hijos, fotografías de usted y su esposa en eventos sociales, licencias de manejar de ambos cónyuges, propiedades que muestren el nombre de ambos, pólizas de seguros mostrando a su cónyuge como beneficiario, certificado de matrimonio religioso si también se casaron por la iglesia, evidencia de viajes que hayan hecho juntos como esposos mostrando, por ejemplo, los registros de hotel.

PEn mi país es bastante común que los primos se casen. Si me caso con mi primo, ¿podemos recibir una visa de inmigrante a los Estados Unidos como esposos?

REso dependerá de dos cosas. Primero, la ley de su país debe reconocer y no prohibir matrimonios entre primos. Segundo, la ley de los Estados Unidos indica que donde usted intente vivir no debe existir prohibición alguna contra el matrimonio entre primos.

P Mi esposa y yo estamos separados hace cuatro años. Ella vive en nuestra casa de campo. Yo tengo Tarjeta de Residencia. No queremos volver a vivir juntos, pero a ella le gustaría venir a los Estados Unidos. ¿La puedo traer a los Estados Unidos como a mi esposa?

R Sí. Mientras su matrimonio siga siendo válido y si no se casaron sólo para obtener beneficios de inmigración a los Estados Unidos, su esposa todavía es su esposa para propósitos migratorios. Puede presentar una petición de inmigración a favor de ella. No importa que ya no vivan juntos. Tampoco importa si no viven juntos cuando ella llegue a los Estados Unidos.

P Mi esposo y yo rompimos hace dos años. Firmamos un acuerdo de separación legal de acuerdo a las leyes de nuestro país, pero todavía no hemos obtenido el divorcio. Estoy trabajando como enfermera en los Estados Unidos y mi esposo quiere que lo ayude a obtener una visa, legalmente, para poder venir a los Estados Unidos antes de que nos divorciemos. ¿Podemos hacer eso?

R No, porque firmaron un acuerdo de separación que es reconocido por las cortes y las leyes de su país; ustedes están legalmente separados y su marido ya no es su esposo para propósitos migratorios, aún cuando todavía no hayan finalizado el divorcio.

P Mi novio y yo nos sentimos verdaderamente tan casados como si lo estuviéramos. ¿Puede mi novio gestionar la visa como mi esposo?

R Sí, pero dependerá de la ley de su país de origen. La ley de inmigración de EE.UU. reconoce el vivir juntos o cohabitar (algunas veces llamado matrimonio por acuerdo, matrimonio de hecho o cohabitación) como un matrimonio válido si se cumplen ciertos requisitos. Debe demostrar que su arreglo de vivienda le da los mismos derechos legales y obligaciones que los que existen en un matrimonio contraído, y que su cohabitación es reconocida por la ley como si fuera igual en cualquier aspecto a un matrimonio legal tradicional. Generalmente, ésto requiere que la relación sólo puede terminar en un divorcio; debe haber derecho a una pensión; usted tendría el derecho de heredar de su novio, excepto que él haya hecho un testamento especificando lo contrario; y, usted tendría el derecho a la custodia familiar si tuviera hijos.

P Tengo una Tarjeta de Residencia basada en mi trabajo. Cuando recibí mi visa de inmigración, las autoridades me dijeron que podía traer a mi esposa, pero en ese momento no estaba casado. Ahora me acabo de casar con alguien que conocí antes de dejar mi país. ¿Ella es automáticamente mi esposa?

R Sí y no. Es su mujer y su esposa por virtud de un matrimonio legal conducido estando los dos presentes, pero ella no consigue automáticamente el estado de esposa en su visa de inmigración. Una esposa o un hijo adquiridos por matrimonio que toma lugar después que el principal solicitante de la visa es admitido, no tiene derecho a un estado fundado sobre la visa de aplicación original. Usted tendrá que solicitar una nueva petición para traer a su esposa a los Estados Unidos.

LOS NIÑOS

P He estado estudiando muchas formas de inmigración últimamente, tratando de ver dónde encaja mi familia. Algunas veces veo cosas que se refieren a mi niño y algunas veces a mi hija o hijo. ¿Cuál es la diferencia? ¿No son mi hijo y mi hija mis niños?

R No. Para propósitos de inmigración de EE.UU., su hijo e hija son solamente niños si ellos no están casados y tienen menos de veintiún años de edad. La ley provee más protección y más opciones inmigratorias a niños que a hijos o hijas mayores.

PMi esposo tiene un hijo de su primer matrimonio que tenía 13 años cuando nos casamos. ¿Puedo poner a su hijo como nuestro niño en mi aplicación para una visa temporal de trabajo en los Estados Unidos?

RSí. Un hijastro menor de 18 años en el momento del matrimonio que establece esta relación, es un niño ante la ley de inmigración de EE.UU.

PSoy ciudadana estadounidense y vivo en Jamaica. Estuve casada con un jamaiquino por diez años, pero ahora estamos divorciados. Él tuvo un hijo de un matrimonio previo, a quien trajo a nuestro hogar a vivir con nosotros. El hijo tenía solo 2 años en ese momento. Siempre he considerado a mi hijastro como mi hijo y así fue la manera que vivíamos. Ahora que estoy divorciada, me gustaría mudarme nuevamente a los Estados Unidos con mi hijo. ¿Puedo hacer esto?

RSí. Debido a que su hijo tenía menos de 18 años cuando usted se casó con su ex-esposo y estableció la relación con su hijastro, para propósitos de inmigración su hijastro es considerado su niño. Su divorcio no cambiará ésto siempre que su matrimonio haya sido válido cuando se celebró y que la relación familiar continúe entre su hijastro y usted. Su hijastro continúa siendo su niño para propósitos inmigratorios hasta que cumpla los 21 años.

P Tengo un niño pero no estoy casada. Tengo la oportunidad de estudiar en los Estados Unidos y, por supuesto, tengo que llevar a mi hijo conmigo. Él tiene sólo 5 años. ¿Puedo hacer esto?

R Sí. Un hijo nacido fuera del matrimonio es considerado niño de su madre natural. Su nombre en el acta de nacimiento es suficiente para probar la relación. Una vez que califique para su visa de estudiante, su hijo podrá obtener una visa para acompañarla.

P Estuve trabajando en Alemania y viví un corto tiempo con un hombre alemán. La relación no funcionó, pero tuvimos una niña. Nunca nos casamos. Mi hija tiene ciudadanía alemana desde que nació debido a mi novio. Ahora me preocupa que se me haga difícil conseguir una visa o quizás la ciudadanía de EE.UU. para mi hija porque nació fuera del matrimonio. ¿Será ésto un problema?

R No. Para propósitos de inmigración su hija es su niña. De todos modos Usted debería asegurarse de tener las actas de nacimiento para probar que usted es la madre. Su estado civil no tiene importancia.

PMi novia y yo tenemos un niño pero no estamos casados. Tengo la oportunidad de hacer un entrenamiento de tres meses en los Estados Unidos y pensé que sería una gran experiencia para que nuestra hija (que tiene 15 años) viniera conmigo. ¿Puedo ponerla como mi niña en el formulario para la visa?

RSólo si es considerada su hija legítima bajo la ley de su país de origen o si usted puede probar que tiene una relación de buena fe de padre-hija con ella. Muchos países reconocen al niño(a) como niño(a) legítimo de su padre y madre aún cuando los padres no se hayan casado; siempre que los padres estén registrados como padres en el acta de nacimiento y la relación goce de la misma protección legal que un matrimonio. Usted debería averiguar si éste es el caso en su lugar y debería también verificar con el consulado de los EE.UU. en su país natal para ver qué documentos tendría que tener disponibles para probar dicha relación.

PSoy ciudadano de EE.UU. He solicitado una visa de inmigración para mi hijo. Presenté la Petición para Familiares Extranjeros, el Formulario I-130, hace cuatro meses, pero aún no he obtenido una respuesta. He notado, en dicho formulario que mi hijo es sólo mi niño hasta que tenga 21 años. Ahora tiene 20. ¿Qué pasa si recibo la respuesta de USCIS después de que cumpla los 21?

RSu hijo será considerado como su niño aún después de haber cumplido los 21 años. En el 2002, se aprobó la Ley de Protección del Estatus del Niño. Esta ley se diseñó específicamente para prevenir que un niño(a) sea considerado mayor de edad por culpa de las demoras en la tramitación por parte del USCIS. Esto se puede prevenir usando la fecha de aplicación de la petición I-130 para determinar la edad del niño(a). Usted pidió la petición cuando su hijo tenía 20 años de edad. Así que ahora su hijo tendrá 20 años para siempre, por lo menos en cuanto concierne al USCIS para propósitos de la petición de inmigración, y su estado será como un familiar suyo inmediato.

PTengo una Tarjeta de Residencia desde hace más de seis años. Presenté una petición para traer a mi hija a los Estados Unidos. Todavía estamos esperando la aprobación. Sé que toma mucho tiempo. Ella tiene ahora 19 años y me preocupa que no recibamos la visa antes de que cumpla los 21 años y que después ella no la reciba. ¿Hay algo que yo pueda hacer?

RSí. Puede considerar naturalizarse como ciudadana de EE.UU. Usted ha tenido la Tarjeta de Residencia por más de cinco años así que puede solicitar la naturalización. La ventaja es que la nueva Ley de Protección del Estatus del Niño permite que su hija permanezca clasificada como niña si usted se hace ciudadana mientras ella sea menor de 21 años.

PNuestro hijo tiene 19 años y ahora se está divorciando. Nosotros, como padres ciudadanos de EE.UU., quisiéramos obtener una visa de inmigrante a los Estados Unidos para él. Me han dicho que existe una larga espera si los hijos están casados. ¿Hace diferencia el divorcio?

RSí. El divorcio hace una gran diferencia. Bajo la Ley de Protección del Estatus del Niño, los hijos(as) casados de ciudadanos estadounidenses pueden usar la fecha del divorcio para determinar bajo qué categoría van a inmigrar. En otras palabras, en la fecha de su divorcio, su hijo(a) ya no es el hijo casado de un ciudadano estadounidense, sino que vuelve a ser el niño(a) de ese ciudadano otra vez. Esto será una ventaja para él porque como hijo de un ciudadano estadounidense podría tener un período de espera largo para la visa, pero como niño, es un familiar inmediato y no habrá espera.

PPresenté una petición para traer a mi hija a los Estados Unidos. Tengo Tarjeta de Residencia. Mi hija tenía 19 años cuando la solicité. Ahora tiene más de 21 años. ¿Ocasionará esto un problema?

RNo. La reciente Ley de Protección del Estatus del Niño puede ayudarle. La ley permite que su hija calcule la edad basándose en el día en que la fecha de prioridad de la petición (Forma I-130) se actualiza MENOS el número de días que la petición está pendiente. Esto suena medio complicado, pero básicamente significa que, cuando la petición finalmente entre en vigencia y se haga una decisión, usted puede deducir el número de días que su petición ha estado pendiente, de la edad de su hija.

P **Cuando yo tenía la Tarjeta de Residencia, hice la solicitud para que mi hijo de 26 años inmigrara a los Estados Unidos. Acabo de naturalizarme como ciudadano estadounidense. ¿Afecta esto a mi hijo?**

R Sí. Si su hijo aún está clasificado como un hijo soltero debido a que es mayor de 21 años y por lo tanto no puede ser clasificado como un niño. Pero él ahora es un hijo soltero de un ciudadano estadounidense. Esto lo colocaría en una categoría de preferencia de inmigración diferente con un tiempo de espera mucho más corto. De hecho, es más probable que su hijo tenga una espera mucho más corta para obtener un número de visa porque, en la mayoría de los casos, los números de visa para los hijos e hijas solteros(as) de ciudadanos estadounidenses están más disponibles que los números de visa para los hijos e hijas solteros(as) de personas con Tarjeta Verde. Además, usted no tiene que hacer nada para obtener este beneficio—la conversión es automática bajo la ley a menos que su hijo solicite que la transferencia no ocurra.

P **¿Por qué mi hijo no querría convertirse a una categoría de mejor preferencia?**

R No existen categorías buenas o malas de preferencias de inmigración, sólo diferencias en el tiempo que toma para que una petición se actualice para que se pueda tomar una decisión basada en ella. Las peticiones para hijos e hijas solteros(as) de personas con Tarjeta Verde procedentes de ciertos países están siendo actualizadas más rápido que las peticiones de ciudadanos estadounidenses para hijos e hijas solteros(as) en esos países. Por ejemplo, en julio de 2006, la fecha de prioridad que estaba siendo procesada para las peticiones de hijos e hijas de personas con Tarjeta Verde de Filipinas era del año 1996, pero las peticiones que estaban siendo procesadas en esa misma fecha para hijos e hijas de ciudadanos estadounidenses de Filipinas fueron presentadas en 1991—una diferencia de cinco años de espera. Por lo tanto, para la mayoría de las personas, la mejor categoría de preferencia es la que tenga el tiempo de espera más corto.

P **Mi esposo ha recibido una oferta de trabajo en los Estados Unidos y, por supuesto, queremos llevar a nuestra hija con nosotros. La adoptamos cuando tenía sólo un año. ¿Hay algún problema para obtener una visa para ella?**

R No. La ley de inmigración de EE.UU. reconoce legalmente a los hijos adoptados como niños mientras el niño(a) haya sido adoptado antes de la edad de 16 años y haya estado en la custodia legal y residiendo con los padres adoptivos por lo menos dos años.

P **¿Podemos mi esposo y yo adoptar a un niño(a) en el extranjero y traerlo(a) a los Estados Unidos?**

RSí. La ley de inmigración le permite que adopte a un niño(a) en el extranjero y le traiga consigo a los Estados Unidos como su niño(a), o que traiga a un(a) huérfano(a) a los Estados Unidos para que se le adopte aquí, pero, para presentar la petición para esta visa usted o su esposo deben ser ciudadanos estadounidenses.

PMi esposo y yo estamos adoptando a un bebé de otro país. Una agencia nos ha hecho todos los arreglos. A mi esposo le es muy difícil tomar tiempo de su trabajo, por lo que yo querría viajar al otro país para recoger a este nuevo niño. ¿Puedo hacer esto?

RSí, pero usted tendrá que hacer los arreglos con anticipación en su Estado para adoptar al niño en los Estados Unidos. Estos requisitos pre-adoptivos serán necesarios para obtenerle una visa a su niño; debido a que su esposo no va a ver físicamente al niño hasta que usted vuelva. Para que el niño sea adoptado en el extranjero con propósitos de inmigrar a los EE.UU., ambos padres deben ver al niño antes de que se le emita la visa.

Si los dos padres no ven al niño antes de la adopción, ésta es considerada una adopción por poder en el extranjero y requiere que el niño sea re-adoptado en los Estados Unidos bajo la ley del estado de EE.UU. donde el niño vaya a vivir.

P No estoy casado, pero me gustaría tener un niño. Estoy pensando en adoptar a un bebé en el extranjero. ¿Cómo debo hacerlo?

R La ley de inmigración requiere que usted tenga al menos 25 años para presentar una petición para traer a un niño a los Estados Unidos si no está casado. También debe ser ciudadano estadounidense. Para adoptar a su bebé, tiene dos opciones. Usted puede adoptar al bebé en el extranjero o traerlo a los Estados Unidos para efectuar la adopción aquí. De cualquier manera, usted debe asegurarse de haber cumplido con todas las leyes locales referentes a la adopción y/o en cuanto a tomar custodia legal de su bebé. El proceso de adopción internacional en sí puede ser bastante complicado dependiendo del país donde usted adopte a su bebé.

Para comenzar el proceso de la visa, usted necesitará presentar el Formulario I-600, Petición para Clasificar a un Huérfano como Familiar Inmediato ante el USCIS. Una vez que esto está aprobado, necesitará presentar una solicitud de visa al consulado de EE.UU. en el país donde vive su bebé. Para poder emitir la visa, el consulado de EE.UU. requerirá:

➣ notificación de aprobación del USCIS de la petición (Formulario I-600);

➣ una solicitud de visa llenada por usted;

➣ una entrevista con usted y el niño(a);

➣ prueba de adopción o custodia legal;

➣ un examen médico del niño y un informe firmado del examen médico;

➣ el acta de nacimiento del niño y el pasaporte (del país de donde el niño(a) tiene la nacionalidad); y,

➣ fotografías del niño(a).

El proceso requiere buena planificación y atención a los detalles. Contáctese con el consulado de EE.UU. lo antes posible y haga una cita con el oficial consular antes de la entrevista requerida. Esto le dará la oportunidad de obtener una lista de los requisitos de la visa y los formularios necesarios para el consulado de EE.UU. específico que procesará la visa de su niño, lo cual le ayudará a evitar sorpresas al final del proceso.

FAMILIARES

P **Ahora soy ciudadana estadounidense naturalizada. Quisiera traer a mis padres a los Estados Unidos a vivir conmigo. Somos una familia normal en el sentido de que mi mamá y mi papá se casaron y después nací yo. Supongo que para propósitos de inmigración ellos son mis padres, pero quería asegurarme que no haya ninguna confusión. ¿Estoy en lo cierto?**

R Sí, no se preocupe, sus dos papás son en verdad sus padres, pero está bien que consulte porque estas cosas no son siempre obvias para la ley de inmigración de EE.UU. En el caso de quien puede ser reconocido como padre bajo la ley de inmigración de EE.UU., un padre es padre, ya sea padre o madre, basándose en la existencia de cualquiera de las siguientes relaciones:

➤ un niño(a) legítimo(a);

➤ un hijastro(a);

➤ un niño(a) legitimado bajo las leyes del lugar de residencia del padre;

➤ un niño(a) ilegítimo(a) si la relación es con la madre natural;

➤ un niño(a) ilegítimo(a) si la relación es con el padre natural y el padre natural tiene una relación de buena fe padre-hijo(a) con el niño(a); y,

➤ un niño(a) adoptado(a) antes de los 16 años.

PHace veinte años tuve que dar a mi bebé en adopción. Ella fue adoptada por norteamericanos (estadounidenses). Ahora se ha puesto en contacto conmigo y ambas estamos contentas de que finalmente nos hemos conocido. A ella le gustaría que yo vaya a Estados Unidos y dice que podría solicitar una visa para mí como su madre. ¿Puede hacerlo?

RNo. La ley de inmigración de EE.UU. no permite que el padre o madre natural de un hijo(a) adoptivo reciba ningún beneficio ni estado inmigratorio de un hijo(a) adoptivo(a). En efecto, una vez que usted dio a su bebé en adopción, ella ya no fue más su niña y usted ya no fue más su madre para propósitos de inmigración de EE.UU.

PMis padres nunca se casaron. Mi papá natural dejó a mi mamá cuando yo tenía cerca de 5 años y nunca se contactó con nosotras. Yo me he convertido en ciudadana de los EE.UU. Ahora mi padre natural quiere que lo ayude legalmente como mi padre para venir a los Estados Unidos. ¿Puedo hacer eso?

R No. Un padre natural que ha abandonado, desertado o irrevocablemente renunciado a su hijo(a) no es considerado como padre bajo las leyes de inmigración.

P Ahora soy ciudadano estadounidense naturalizado. Tengo entendido que puedo solicitar una petición para traer a mi hermano a los Estados Unidos. El problema es que nuestros padres nunca se casaron. ¿Puedo hacerlo igual?

R Sí. Debido a que usted y su hermano tienen el mismo padre y la misma madre, la ley de inmigración de EE.UU. reconoce que él es su hermano aún cuando nacieron fuera del estado matrimonial.

P Me he convertido en ciudadano estadounidense. Tengo una media hermana. ¿Es considerada mi hermana para propósitos de inmigración?

R Sí, si usted y su media hermana tienen la misma madre. Los hermanos y hermanas que tienen la misma madre aunque diferentes padres se consideran hermanos y hermanas para propósitos de inmigración a EE.UU. Si ustedes tienen el mismo padre, tanto usted como su media hermana tendrían que demostrar que tenían una relación que se considere como relación de hijo(a) con un padre en común.

PMis padres adoptaron a un niño cuando yo estaba creciendo. Ahora soy ciudadano estadounidense naturalizado y he estado viviendo en los Estados Unidos aproximadamente por quince años. ¿Es mi hermano adoptivo realmente mi hermano?

RSí. El hermano o hermana adoptivo(a) de un ciudadano estadounidense que tenga al menos 21 años de edad es considerado hermano o hermana para propósitos de la ley de inmigración de los EE.UU. Esto es el caso siempre que el hermano(a) adoptivo haya sido adoptado(a) en la familia antes de que haya cumplido los 16 años de edad.

2.

Visitando los Estados Unidos

Millones de personas de todo el mundo visitan los Estados Unidos cada año. Vienen como turistas, a visitar amigos y familiares, a asistir a eventos deportivos o conferencias, a reuniones de negocios y a recibir tratamiento médico.

En este capítulo veremos visas de no inmigrantes que le permiten visitar los Estados Unidos temporalmente por un sinfín de razones, pero que no le permiten trabajar en los Estados Unidos. Estas visas incluyen visas para visitantes por negocios (Visas B-1) y para turistas (Visas B-2) y son las visas más utilizadas. La Visa B-1 para visitante de negocios es también una de las visas con más malinterpretaciones. También trataremos del Programa de Exención de Visas que permite a los ciudadanos de ciertos países entrar a los Estados Unidos temporalmente por negocios o placer sin necesidad de obtener de antemano una visa en el consulado de EE.UU.

Este capítulo también es uno de los más importantes del libro porque trata dos conceptos de suma importancia para los visitantes a los Estados Unidos (1) la necesidad de sobrepasar la presuposición de que se intenta inmigrar y (2) el acto de entrar en los Estados Unidos.

El concepto de "intento de ser inmigrante" es importante porque, como solicitante de una visa a los EE.UU., usted presume tener la intención de quedarse y vivir permanentemente en los Estados Unidos, a menos que usted pueda convencer de lo contrario al oficial consular o de inmigración en la frontera. Los visitantes por negocios o turistas generalmente lo logran al tener un boleto de avión de ida y vuelta y conexiones cercanas en su país de origen. Las preguntas y respuestas (P & R) siguientes le permitirán entender mejor cómo funciona esto en la práctica.

Entrar en los Estados Unidos es importante porque es un proceso separado al de obtener una visa. La visa se puede ver como el derecho a viajar a los Estados Unidos y presentarse en la frontera para ser inspeccionado y admitido al país. La visa es evidencia que usted califica para entrar al país, pero el inspector en la frontera puede decidir lo contrario. El momento en la frontera en que el inspector de Protección Fronterizas y Aduanas toma la decisión de permitirle entrar a los Estados Unidos, es el punto más crucial ya que le permite a usted hacer lo que desea en los Estados Unidos.

Años de planificación y espera se han desperdiciado, a veces, debido a declaraciones mal hechas en la frontera. Este capítulo le indicará qué tipo de cosas lo pueden volver inelegible para entrar a los Estados Unidos.

Finalmente, en este capítulo tratamos todas las nuevas (y no tan nuevas) medidas de seguridad que lo rodean como visitante a los Estados Unidos mientras usted atraviesa por el proceso de solicitud y emisión de la visa y entra al país. Programas como el "Sistema Tecnológico Indicativo del Estatus del Visitante e Inmigración" luego del 11 de septiembre han hecho que el proceso de la visa de visitante y la entrada sea más largo y complicado.

LA ENTRADA A LOS ESTADOS UNIDOS

PQuiero visitar los Estados Unidos. He escuchado que si visito los Estados Unidos, el servicio de inmigración va a presuponer que quiero vivir en el país. ¿Es cierto?

RSí. La ley de inmigración de los Estados Unidos hace la suposición evidente (general) de que si un extranjero viene a Estados Unidos, es inmigrante a menos que él o ella puedan demostrar que entra bajo una de las varias categorías de no-inmigrantes. En otras palabras, se supone que usted tiene intención de ser inmigrante a menos que pruebe lo contrario.

PQuiero visitar a mi hermana en Norteamérica. Mi hermana dice que si los inspectores me preguntan si tengo intención de quedarme en los Estados Unidos, debo decir que no. Si les digo que no quiero vivir en EE.UU., ¿importará eso algún día si yo quiero sacar una Tarjeta de Residencia?

RNo. El hecho que usted le diga al inspector de inmigración en esta visita que no tiene intención de quedarse en los Estados Unidos no afecta a una solicitud para una Tarjeta de Residencia más adelante si sus intenciones cambian.

P ¿Qué es una visa no-inmigrante?

R Un visitante no inmigrante a los Estados Unidos es una persona que quiere entrar a los Estados Unidos por un propósito específico de negocios, turismo o por razones personales y, cuando ese propósito se cumpla, él o ella volverá a su país. Las visas que permiten ese tipo de visitas se llaman Visas B-1 para visitantes de negocios y B-2 para turistas.

P Voy a ir a los Estados Unidos por negocios para encontrar a nuestros clientes estadounidenses. Si uno de ellos me ofrece un trabajo en los Estados Unidos, yo lo podría tomar. ¿Debo decirle esto al inspector de frontera?

R No. Usted puede entrar al país como visitante no inmigrante y después puede decidir ajustar su estado para poder trabajar o vivir permanentemente en los Estados Unidos. Si usted le dice al inspector de inmigración en la frontera que eso es algo que quisiera hacer, él o ella pueden decidir que usted tiene intención de ser inmigrante y no permitirle entrar al país con visa de visitante.

P ¿Qué es lo primero que debo saber acerca de ir a los Estados Unidos?

RPrimero y principalmente, usted debe tener presente que mientras los ciudadanos tienen un derecho claro y reconocido de entrar y salir de su propio país, los visitantes no lo tienen. Por lo tanto, como visitante a los Estados Unidos, usted necesita el permiso del gobierno estadounidense para entrar a los Estados Unidos. Una visa es el permiso del gobierno de los Estados Unidos para que usted viaje a los Estados Unidos y se presente a la frontera para ser inspeccionado y admitido a los Estados Unidos.

P¿La visa significa que entraré a los Estados Unidos?

RNo. La admisión a los Estados Unidos es un proceso de dos pasos. El Departamento de Estado de EE.UU. emite visas; el USCIS decide en la frontera si usted puede entrar a los Estados Unidos. La visa es evidencia de que usted cumple los requisitos para la entrada, pero el USCIS puede rechazarlo si cree que usted realmente no los cumple.

PHe escuchado que, después del 11 de septiembre, habrá inspecciones de antecedentes antes de poder entrar a los EE.UU. ¿Es verdad?

RSí. Siempre han existido algunas inspecciones de antecedentes a extranjeros que quieren venir a los EE.UU. pero, definitivamente, se han vuelto más rigurosos.

P¿Podría decirme por qué existen tantas demoras en procesar las visas de visitantes?

REn general, el período de tiempo que tome para procesar su visa de visitante dependerá de su nacionalidad, antecedentes, circunstancias personales, del consulado de EE.UU. al cual solicitó la visa, y del propósito de su viaje.

PQué es una inspección de antecedentes y cómo funciona?

RPara la mayoría de los visitantes a los Estados Unidos, una inspección de antecedentes no es más que una búsqueda de datos del gobierno de EE.UU. Esto es para determinar si el gobierno de EE.UU. tiene alguna información sobre usted que pudiera forzar al USCIS a mantenerle a usted fuera de los Estados Unidos. Estos datos incluyen el sistema del Departamento de Estado conocido como CLASS (Sistema de Apoyo y Observación Consular) y otra lista del gobierno de EE.UU. conocida como TIPOFF.

El USCIS también tiene un sistema conocido como el IBIS (Servicio de Inspección de Agencias de la Frontera). Actualmente, si usted viene a los EE.UU. por avión o por mar, el USCIS debe inspeccionar su nombre en una lista de terroristas. Si viene por tierra, pueden no hacerlo, excepto que sea hombre, mayor de 16 años y que provenga de países que están en una lista que EE.UU. examina más cuidadosamente.

P¿Qué pasa si mi nombre es igual a los que existen en alguna de las listas del consulado de EE.UU. o del USCIS?

RSi ocurre en el consulado de EE.UU., la revisión de los antecedentes se extenderá más allá de la inspección de datos. Posiblemente se le pedirá que proporcione información adicional que verificará el oficial consular. Si esto ocurre en la frontera de EE.UU., se le pedirá que presente documentos o evidencia de que usted no es la misma persona que la que está en la lista. Puede ser que se le pida que vaya a un cuarto separado donde se le entrevistará para determinar si usted es la persona de la lista.

P¿Qué significa para mí el ser admitido en los Estados Unidos?

RSignifica que fue inspeccionado y luego autorizado a venir a los EE.UU. por un oficial de inmigración. Si no es legalmente admitido en los Estados Unidos, oficialmente usted no ha entrado al país. Esto afecta dramáticamente los posibles derechos que pueda tener para una revisión de ciertas decisiones relacionadas con inmigración. También le hace inadmisible para entrar a los Estados Unidos en el futuro.

P ¿Cuál es la diferencia entre una visa de una sola entrada como visitante y una visa de visitante con entradas múltiples?

R Una visa de una sola entrada le permite a usted visitar los Estados Unidos para negocios o por placer—una vez. Apenas llega a los Estados Unidos, la visa se considera usada. Ya no tiene permiso para volver a los Estados Unidos. Por supuesto que usted tiene permiso para quedarse aquí hasta la fecha que está estampada en su pasaporte. Una visa de entrada múltiple es aquella que puede usarse para más de una entrada a los Estados Unidos. Se puede emitir indefinidamente o por un número específico de años. Le permite visitar los Estados Unidos tan frecuentemente como quiera mientras la visa sea válida, pero la duración de cada estadía en los Estados Unidos está limitada al término apropiado para la visa–usualmente seis meses.

P ¿Qué debo hacer exactamente para entrar a los Estados Unidos?

R Para hacerlo legalmente, debe arribar a un punto designado, a un puerto de entrada y ser inspeccionado por un oficial del USCIS.

PVisito los Estados Unidos regularmente. Estoy preocupada porque mi trabajo requiere que viaje dentro de los EE.UU., pero cuando lo hago ahora, los guardias de seguridad del aeropuerto me molestan mucho. ¿Qué podría hacer?

RNo, es la única. Los EE.UU. han comenzado a utilizar listas para seleccionar a la gente por participar en ciertas actividades desde conducir camiones hasta simplemente ser pasajero en un avión. Probablemente algunas veces, esto previene que los terroristas se suban a los aviones. Otras veces, pareciera que sólo causa problemas a la gente común como usted que están haciendo su trabajo. Nuestro consejo es tratar de mantenerse calmada, tener la documentación lista y cooperar por completo con los guardias de seguridad. Esto generalmente mantendrá las demoras lo más cortas posible.

PMi familia y yo volamos a Disney World en el verano. ¿Son las aerolíneas las que investigan mi nombre o sólo el USCIS?

REn este momento, las aerolíneas utilizan computadoras para inspeccionar los nombres de sus pasajeros conectados con listas computarizadas de terroristas que están en la lista de personas que no pueden volar de la Administración de Seguridad de Transportes (TSA).

P¿Qué debo hacer si sospecho que, por equivocación, estoy en una lista de personas que no pueden volar?

RLa Administración de Seguridad de Transportes (TSA) tiene un mediador de asuntos de interés público con el que usted se puede contactar al 571-227-2283 ó al 877-266-2837. Puede colaborar con ellos y llenar un formulario de verificación de identificación de pasajeros. Este formulario contiene información biográfica como su seguro social, su dirección y su fecha de nacimiento.

P¿Qué es Viper?

RDespués del primer bombardeo del Centro Mundial de Comercio (World Trade Center) a principios de la década de 1990, el Departamento de Estado implementó un programa conocido como Visa Viper. Los EE.UU. respondieron al hecho de que algunas de las personas que ayudaron al atentado de volar el Centro Mundial de Comercio estaban legalmente en los EE.UU. Hasta ahora, han pasado docenas de miles de nombres de sospechosos por esta base de datos. Posteriormente, los nombres entraron en el sistema CLASS y en la base de datos TIPOFF (Advertencia Secreta). El sistema CLASS es una base de datos que usa EE.UU. para encontrar personas que puedan presentar una amenaza a los Estados Unidos o que hayan utilizado mal sus visas. CLASS significa Sistema de Apoyo y Observación Consular.

PÚltimamente pareciera que todo gira en torno a seguridad y se llevan a cabo extremadas precauciones. ¿El gobierno antes manejaba diferente a los visitantes extranjeros?

RSí, por supuesto que sí. Una vez que, a través del 11 de septiembre se comprobará que EE.UU. era un blanco terrorista, el gobierno comenzó a gastar enormes cantidades de energía y dinero y también aprobó muchas nuevas leyes relacionadas con la entrada a los Estados Unidos. En el 2002 se aprobó la Ley de Reforma para Visas de Entrada y Seguridad Fronteriza Incrementada. Dicha ley ordena muchos cambios. Además, después del 11 de septiembre, Estados Unidos decretó la Ley "Patriota" de Estados Unidos de América, la cual contempla cantidades enormes de dinero así como diferentes programas para aumentar la seguridad de EE.UU. Esto ha resultado en recopilar mayores datos de los visitantes, más inspecciones de antecedentes y mayor seguridad en los aeropuertos y en la frontera.

PHe escuchado que EE.UU. va a iniciar nuevos procedimientos de selección en la frontera. ¿Es verdad?

RSí lo es. Estados Unidos actualmente tiene establecido varios procedimientos en las fronteras que permiten la identificación de individuos que planean entrar al país. Los procedimientos usan un pasaporte automatizado y el uso de aparatos biométricos.

P¿Qué es un aparato biométrico?

R Un aparato biométrico utiliza algunas características físicas incambiables de una persona para confirmar a la persona con su identidad. Usted se puede cambiar el nombre, pero no es común que pueda cambiar el patrón de su retina ni el lóbulo de su oreja ni las huellas digitales.

P¿Cuándo se pondrá en efecto el sistema VISIT?

R Se supone que el sistema VISIT se pondrá en efecto para el 1º de enero del 2004. Al final del proceso, todas las agencias de EE.UU. tienen el deber de tener instaladas solicitudes biométricas y todas ellas deben poder compartir los datos entre sí.

P¿Podrá el sistema VISIT alertar al USCIS si me quedo más tiempo?

R No todavía y no por sí mismo. Una de las metas es poder combinar VISIT con los otros programas para que el USCIS pueda saber inmediatamente si la gente se queda más tiempo del que su visa le permite. Por supuesto, estos programas quizás no sepan si fue una renovación legítima o si verdaderamente fue una sobreestadía, así que siempre mantenga prueba de su estatus a mano.

P¿Qué significan todas estas nuevas medidas de seguridad y sistemas de verificación para mí como visitante en los Estados Unidos?

REstados Unidos era uno de los países más despreocupados en cuanto a los visitantes extranjeros. Muchos países europeos requieren rutinariamente que los extranjeros se registren en las estaciones locales de policía. Estados Unidos no lo requiere. Aún cuando los extranjeros que se quedaban en los EE.UU. por más de treinta días tenían que registrarse y presentarse para que se les tomaran sus huellas digitales, en la práctica estos requisitos generalmente se ignoraban. Ahora, va a ser más estricto acatar aquello. Para la mayoría de los visitantes, sin embargo, el cambio será poco obvio. Para obtener una visa, tendrán que llenar un formulario adicional o presentarse para que se les tomen huellas digitales, o quizás contestar una o dos preguntas más en la frontera. El verdadero sistema de localización que el sistema VISIT hará posible no será obvio para el visitante, a menos que se quede más tiempo que el que debe quedarse.

P¿Qué pasa si no soy de uno de los países que están en las listas?

REs posible que también esté sujeto a algunos de esos mismos procedimientos. Por ejemplo, los consulados de EE.UU. tienen el derecho de requerir una Solicitud Suplemental No Inmigratoria, Formulario DS-157, de cualquier solicitante de visa, no sólo de los de aquellos países en dicha lista. Los no inmigrantes que se quedan en los EE.UU. por más de treinta días deben informar a las autoridades pertinentes sobre cualquier cambio de dirección a través del formulario AR-11 dentro de los diez días de haberse cambiado de dirección. También, el gobierno cambia o puede cambiar las disposiciones y pedir que las personas originarias de diferentes países se registren.

COMO TURISTA

P¿Qué es una visa de turista?

RUna visa de turista significa permiso para entrar en los Estados Unidos temporalmente por placer. Se la conoce comúnmente como Visa B-2.

P¿Cómo consigo una visa de turista para ir a los Estados Unidos?

RUsted debe solicitar una visa de turista al consulado de EE.UU. en su país de origen utilizando la Solicitud para Visa de No-Inmigrante, Formulario DS-156. El consulado de EE.UU. puede, generalmente, tomar una decisión acerca de su visa y emitirle una. Sin embargo, usted debe saber que, después del 11 de septiembre, el proceso de emisión de visa está muy influenciado y controlado por el Departamento de Seguridad del Suelo Patrio, el cual puede hacer que el proceso sea más largo y complicado que antes.

P¿Hay alguna manera que pueda entrar a EE.UU. sin visa?

RSí. El Programa de Exención de Visa (Visa Waiver Program, VWP) comenzó como un programa temporal en 1986. Varias enmiendas subsiguientes periódicamente extendieron el programa mientras el gobierno estadounidense debatia si es que el programa debía continuar o no. Ahora se ha implementado cierta legislación especifica que establece el VWP como un programa permanente, el cual continúa siendo una manera muy popular para que los ciudadanos de ciertos países visiten los Estados Unidos.

P¿Puedo usar el Programa de Exención de Visas desde mi país?

RDepende de su país. Existen veintisiete países a los que actualmente se les permite participar en el Programa de Exención de Visas. Esos países son:

Alemania, Andorra, Australia, Austria, Bélgica, Brunei, Dinamarca, Eslovenia, España, Francia, Finlandia, Irlanda, Islandia, Italia, Japón, Liechtenstein, Luxemburgo, Mónaco, Noruega, Nueva Zelanda, los Países Bajos (Holanda), Portugal, San Marino, Singapur, Suecia, Suiza y el Reino Unido (Inglaterra).

P ¿Qué es MRP?

R Un MRP es un Pasaporte Legible Por Lectores Ópticos, el cual cumple la misma función que un pasaporte de papel. El gobierno de EE.UU. requiere un formato para pasaportes que se pueda leer a máquina, a través de lectores o sensores ópticos, como un asunto de seguridad. Este tipo de pasaporte tiene su información personal que fue registrada en la página de datos como lo tendría en una versión en papel. Sin embargo, está diseñado de tal forma que se pueda procesar electrónicamente. Como tantas cosas, existen reglamentos internacionales que regulan la forma en que se debe presentar esta información, incluyendo el tamaño del pasaporte y de la fotografía y los arreglos de los campos de datos.

P ¿Por qué se están volviendo tan estrictos los reglamentos para pasaportes?

R El gobierno de EE.UU. tiene dos preocupaciones en cuanto a los pasaportes. La primera es que existen personas con malas intenciones que están robando pasaportes y usándolos para entrar a los EE.UU. La segunda es que el gobierno de EE.UU. no siempre sabe exactamente, quién ha entrado o salido de los EE.UU.

P ¿Qué es el formulario I-94?

R El formulario I-94 es el papel oficial que usted recibe cuando entra a los Estados Unidos. Muestra la fecha en la cual usted entró a los Estados Unidos. Al comparar la fecha de entrada con el plazo de tiempo que se le autorizó en la visa, el USCIS puede determinar si usted está actualmente en condición legal o si su estatus legal indica que su estadía esta vencida.

P **Estoy visitando los Estados Unidos como turista con una visa de renuncia. Si quiero ir a Canadá por un día, ¿puedo volver con una nueva visa de renuncia?**

R No. Si usted deja los Estados Unidos para ir a un país vecino, puede volver a los Estados Unidos mostrándole al personal del USCIS su tarjeta I-94. Puede usar su tarjeta I-94 para volver a entrar a los Estados Unidos desde los países de Canadá, México y las islas vecinas. Puede volver a los Estados Unidos durante el período de tiempo durante el cual usted fue admitido a los EE.UU. bajo el Programa de Exención de Visas. Sin embargo, debería prepararse ya que se le va a inspeccionar y va a tener que hablar con un oficial de inmigración.

P **¿Qué, exactamente, se me exime bajo el Programa de Exención de Visas?**

R Usted debe saber que el Programa de Exención de Visas hace honor a su nombre—lo exime del requisito de solicitar y obtener una Visa B-1 o B-2 antes de viajar a los Estados

Unidos. Aún así existen límitaciones importantes. Usted, de todos modos, debe viajar a los Estados Unidos con uno de los propósitos adecuados para una Visa B-1 o B-2. Esto significa que usted debe entrar a los Estados Unidos temporalmente por negocios o con motivo de un viaje de placer. Usted también está sujeto a exclusión de los Estados Unidos, por ejemplo, si ha sido condenado como un delincuente.

PEste Programa de Excención de Visas parece una gran idea. ¿Puedo usarlo si vivo en los Estados Unidos como residente permanente y quiero viajar a uno de los países en la lista?

RNo. Debe ser ciudadano de Estados Unidos para tomar ventaja de la reciprocidad ofrecida por el Programa de Exención de Visas en otros países. La residencia permanente en los Estados Unidos no es suficiente.

PTengo entendido que debo ser ciudadano de un país que participe en el Programa de Exención de Visas para poder aprovecharlo. ¿Hay algunos otros requisitos?

RSí. El Programa de Exención de Visa (Visa Waiver Program, VWP) funciona de una forma muy parecida a la de una visa de negocios o de turista. Está diseñado para estadías cortas con el propósito de llevar a cabo negocios o viajes de placer. Por lo cual, usted debe tener un pasaporte de su país de origen. A partir del 26 de junio de 2005, los viajeros de los países del VWP tienen que tener un pasaporte automatizado (machine-readable passport, MRP) para poder entrar a los Estados Unidos sin una visa. Aunque esta regla ha estado vigente por varios años, los oficiales de inmigración de puestos fronterizos tenían la autoridad de permitirles a los viajeros sin un MRP entrar a los Estados Unidos como una excepción a esta regla por una sola vez. Un viajero que tiene un pasaporte que no automatizado tiene que obtener un pasaporte que sea automatizado (aún si su pasaporte viejo no ha expirado) o solicitar una visa. Aunque usted puede entrar a Estados Unidos por tierra a través de los cruces de frontera ubicados en EE.UU. y México, si usted viene a los Estados Unidos por barco o por avión, usted tiene que entrar con un transportista que mantenga una relación con el gobierno de los Estados Unidos. Una de las preocupaciones que el gobierno estadounidense tiene con sus visitantes es cómo éstos regresarían a su hogar, especialmente si se les niega la entrada por alguna razón, así que usted tiene que presentar evidencia de un boleto de ida y vuelta.

P**¿Qué documentos debo presentar si viajo con el Programa de Exención de Visas?**

RNecesita principalmente su pasaporte, pero debe tener otros documentos disponibles que prueben que usted va a los Estados Unidos temporalmente por placer. Un boleto de aerolínea de ida y vuelta, confirmaciones de reservas en hoteles, itinerarios del viaje sirven para probar esto. Cuando llegue a los EE.UU., llenara y firmará un Registro de Renuncia a la Visa con Entrada y Salida. Esto también se conoce como el Formulario I-94W. Va a ser cada vez más importante en el futuro demostrar que, como viajero(a), usted ha entrado a los Estados Unidos en la forma apropiada. También es importante poder demostrar que salió de los Estados Unidos dentro del tiempo asignado.

P Estoy de viaje en los Estados Unidos con el Programa de Exención de Visas por negocios. Puede que se me presente una oferta de trabajo mientras estoy aquí. ¿Puedo obtener una visa para tomar el trabajo mientras estoy en los Estados Unidos?

R No. Para tomar un trabajo en los Estados Unidos, debe ajustar su estado migratorio. En general, no se le permite ajustar su estado migratorio si entra con el Programa de Exención de Visas.

P ¿Cómo afecta mis derechos de inmigración participar en el Programa de Exención de Visas?

R Usted debe saber que si firma el Formulario I-94W, renuncia al derecho de apelar o revocar la determinación que un oficial de inmigración haya hecho acerca de si usted es admisible o si está sujeto a deportación.

P ¿Participan todas las aerolíneas en el Programa de Exención de Visas?

R No. Debe revisar cuidadosamente para asegurarse que la aerolínea o el barco en el que planea viajar participe en el Programa de Exención de Visas. La mayoría intervienen, pero algunos no.

P ¿Me puedo quedar el tiempo que quiera con una visa de visitante?

R No. Una visa es el permiso para entrar a los Estados Unidos por un período de tiempo y para un propósito definido en cierta categoría de visa. Los turistas y los visitantes temporales por placer están limitados a noventa días si viajan con el Programa de Exención de Visas y a un máximo de seis meses si viajan con una Visa B-2. También, a pesar de que éstos son los períodos máximos permitidos, el inspector del USCIS de la frontera puede establecer un tiempo límite máximo diferente basado en lo que usted planea hacer en los Estados Unidos. Si usted le dice al inspector que va a los Estados Unidos para visitar Disney World por una semana, él o ella puede escribirlo en su tarjeta de llegada I-94. En ese caso, usted deberá dejar los Estados Unidos al final de la semana.

P ¿Podría seguir volviendo a los Estados Unidos siempre que me vaya antes de que se venzan los noventa días?

R Esto se rumoreaba como una estrategia común y exitosa en la época anterior a los sucesos del 11 de septiembre. Ahora es verdaderamente, una mala idea por muchas razones. Primero, se arriesga a que se le prohíba entrar a los EE.UU. si miente en cuando a tener la intención de ser inmigrante. La intención de emigrar significa que usted de verdad tiene la intención de ir a vivir permanentemente a los Estados Unidos. Está bien entrar a los EE.UU. con una visa de turista y está bien entrar a los EE.UU. con la intención de quedarse. Lo que definitivamente NO ESTÁ BIEN es venir a los EE.UU. con una visa de turista con la intención de quedarse. Ésta en una señal de alerta y puede causarle muchos problemas en el futuro. No debe hacerlo porque si le descubren, usted puede ser deportado y le pueden prohibir que regrese a los EE.UU.

P Si presento los formularios de inmigración, ¿las computadoras del USCIS pueden saber que tipo de formulario he presentado?

R No. Si usted ha presentado un formulario que usted quiere utilizar para probar al USCIS que lo ha presentado, traiga su recibo de presentación cuando viaje.

P ¿Puedo usar el Programa de Exención de Visas si manejo a los EE.UU. desde Canadá o México?

R Sí, puede. El Programa de Exención de Visas se puede usar también por tierra. Tiene que pagar el precio de entrada que cobra el gobierno de EE.UU. Actualmente es de seis dólares y tiene que ser ciudadano de un país participante y tener un pasaporte válido de ese país, pero no es necesario que tenga boleto de ida y vuelta de una aerolínea o barco que participe en el programa. Tiene que firmar el formulario I-94W. Este es su formulario de llegada y salida. Ya sea que entre manejando o volando, usted debe demostrarle a la gente del USCIS que tiene suficiente dinero para costearse sus propios gastos mientras esté en los EE.UU. El último requisito es que debe ser capaz de demostrarle al USCIS que no está en condición legal inadmisible. (El término inadmisible significa un extranjero que busca admisión a un puerto de entrada y que no cumple con los criterios de las leyes de inmigración de Estados Unidos para entrada o admisión a EE.UU.)

P ¿Hay cosas que no pueda hacer si voy a EE.UU. como turista en el Programa de Exención de Visas?

R Sí, sólo puede hacer las cosas que haría una persona que viaja como turista. No puede usar la visa para cosas que indiquen una conexión más permanente con los Estados Unidos. Por ejemplo, usted puede casarse mientras está aquí con el Programa de Exención de Visas, pero no puede comenzar el proceso de ser residente extranjero permanente en los Estados Unidos. Tampoco puede usar el Programa de Exención de Visas para estudiar. Se requiere que los estudiantes obtengan una visa diferente. No está permitido trabajar bajo el Programa de Exención de Visas.

P ¿Puedo extender mi estadía en los Estados Unidos si entro con el Programa de Exención de Visas?

R No. Si usted entra a los Estados Unidos con el Programa de Exención de Visas, se puede quedar en los EE.UU. por noventa días o menos. No puede extender su estadía (quedarse más de noventa días). No puede cambiar a otro tipo de visa.

P ¿Dónde consigo un formulario I-94W? ¿Del consulado o embajada de EE.UU.? y ¿Cuánto cuesta?

R Usted puede obtener el Formulario I-94W, Registro de Renuncia a la Visa de No-Inmigrante con Entrada y Salida, de las agencias de viajes, aerolíneas y en los puertos de entrada en las fronteras. No la puede obtener en las embajadas o consulados norteamericanos ni del USCIS. El formulario en sí es gratuito, pero el cargo para que se emita en la frontera es actualmente, de $6.

P ¿Qué hago si pierdo mi Registro de Entrada y Salida mientras estoy en los Estados Unidos?

R Bueno, como tantas cosas, los formularios I-94 e l-94W son baratos al adquirirlos, pero caros para reemplazarlos. En este momento cuestan seis dólares al entrar a los Estados Unidos y $100 para reemplazarlos, así que, tenga cuidado con la tarjeta. Debe tenerla para probar que ha salido de los EE.UU. dentro del tiempo asignado.

PVivo en un país que participa en el Programa de Exención de Visas. Mi hijo está trabajando en los Estados Unidos. ¿Hay razones por las que yo necesite solicitar una visa, aún cuando mi país participa en el Programa de Exención de Visas?

RSí, las hay. El Programa de Exención de Visas tiene algunos límites. Si usted quiere trabajar o ir a la escuela mientras está visitando a su hijo, este programa no es conveniente para usted. También, si usted quiere quedarse con su hijo por más de noventa días, debería solicitar una Visa B-2 al consulado de su país de origen, lo cual le permitiría una visita de hasta seis meses.

P¿La visa de turista es sólo para usarla como turista o puedo hacer otras cosas?

RMayormente es para turismo. La mayoría de las personas que vienen a los Estados Unidos con una Visa B-2 son turistas. Sin embargo, la visa está diseñada para visitas temporales de placer y existen muchas otras cosas para las que esta visa se puede usar. Por ejemplo, los extranjeros que viajan por salud para obtener un tratamiento médico pueden usar la Visa B-2. Los extranjeros que vienen a visitar socialmente a sus familiares o amigos usan esta visa. Los extranjeros que vienen a convenciones, conferencias o convocaciones de grupos fraternales, sociales o de servicio también pueden usar esta visa. Un extranjero que viene a los EE.UU. para un evento deportivo amateur como un certamen de críquet puede también viajar usando esta visa.

P **¿Puede mi prometida usar la Visa B-2 para venir a los Estados Unidos para que nos comprometamos oficialmente y pueda conocer a mi familia? Ésta es definitivamente una visita de placer.**

R Sí, esta visa se puede usar para comprometerse o conocer a los padres o planear matrimonios. Sin embargo, existe una dificultad. Las prometidas generalmente viajan con una Visa K que les permite casarse en los EE.UU. y quedarse para ajustar su estado. La Visa B-2 no permite eso. Esta visa sólo permite que la persona venga a los EE.UU. por un período de tiempo limitado y después se vaya.

P **¿En qué otras situaciones se utiliza la Visa B-2?**

R Si ud es militar y es extranjero y va a hacerse ciudadano estadounidense, usted o su familia podrían usar la Visa B-2 para entrar a los Estados Unidos. Sin embargo, como dependiente, no puede usar esta opción para entrar a los Estados Unidos mientras su esposo/a hace un viaje de servicio fuera de los Estados Unidos.

P ¿Qué pasa si me casé con un ciudadano de EE.UU. en mi país de origen, pero nunca he vivido en los EE.UU.? Vivimos en un tercer país y espero que jamás tenga que ir a los Estados Unidos, pero mi esposo quiere ir a ver a su familia en EE.UU. ¿Puedo usar la Visa B-2?

R Sí. Puede entrar a los EE.UU. con una Visa B-2 con su esposo o puede reunirse con él en los Estados Unidos. Sin embargo, la clave aquí es que esta debe ser una visita temporal. Usted debe demostrar que tiene residencia en su país natal y que no tiene ninguna intención de abandonarlo.

P ¿Debo tener una entrevista en el consulado para obtener una simple visa de turista?

R Todos necesitan ir a una embajada o consulado de EE.UU. para ser entrevistados. Las excepciones son muy raras. No es seguro que el personal y los departamentos de procesamiento de visas reciban más dinero del gobierno. Por ello, puede haber excepciones para visas de turista para ciertas nacionalidades en lugares donde existe muy poca incidencia de fraude de visas.

P Soy residente extranjero permanente legal. Vivía en los Estados Unidos, pero he estado viajando por mi trabajo y he vivido fuera de los EE.UU. por más de un año. Sé que mi Tarjeta de Residencia ya no es buena, pero ¿existe forma de que todavía pueda entrar a los EE.UU.?

47

R Sí, la hay. Como residente extranjero permanente legal, usted generalmente no puede usar su Tarjeta de Residencia si ha estado fuera de los EE.UU. por más de un año. Tendría que haber pedido documentos de viaje con anticipación para volver a entrar a los EE.UU. Sin embargo, si ha continuado pagando sus impuestos de EE.UU., ha mantenido su residencia permanente y tiene su casa en los Estados Unidos, puede ser que obtenga una visa de no inmigrante sin abandonar su Tarjeta de Residencia.

P ¿Puede el oficial consular escribir cosas en mi visa?

R Sí. Los oficiales consulares a menudo escriben notas en la visa emitida que pueden ayudar al personal del USCIS. Se supone que no escriben cosas que serían negativas para sus intereses.

DE NEGOCIOS

P Quiero ir a los Estados Unidos por negocios. ¿Hay una visa para mí?

R Sí. La visa de visitante de negocios B-1 es una de las visas más comunes que se emiten. Una Visa B-1 le permite ir a los EE.UU. temporalmente por negocios.

P¿Cómo obtengo una Visa B-1?

RSolicite la Visa B-1 en el consulado de EE.UU. en su país de origen usando el Formulario DS-156, Solicitud para Visa de No-Inmigrante. Una visa aprobada significa que el oficial consular de EE.UU. ha revisado su solicitud y decidió que usted es legalmente admisible a los EE.UU. Para averiguar dónde se encuentra el consulado de EE.UU. más cercano, puede utilizar el sitio Web del Departamento de Estado y localizarlo en: **www.state.gov**.

PSé por amigos que existen límites en la mayoría de las visas para EE.UU. ¿Hay sólo una cierta cantidad de gente que puede ir a los EE.UU. con Visas B-1?

RNo. Algunas categorías de visa tienen límites de personas que pueden usarlas. La Visa B-1 no tiene un límite numérico.

P¿Hay cosas que no puedo hacer en EE.UU. mientras estoy aquí con visa de negocios?

REn realidad, existen muchas cosas que no puede hacer mientras está en Estados Unidos con una Visa B-1. Lo más importante es NO percibir una remuneración en los Estados Unidos a cambio de cualquier trabajo que usted haga. Esta visa es para visitas temporales de negocios, durante el cual a usted le está pagando su empresa u otra fuente de medios disponibles proveniente de afuera de los Estados Unidos. Usted no puede, por ejemplo, trabajar como empleado para una empresa con base en los EE.UU. mientras está con esta visa. Otra actividad prohibida es la de ser estudiante a tiempo completo.

P ¿Qué debo hacer para ser elegible para la Visa B-1?

R Los únicos requisitos para esta visa son (1) que tenga residencia en un país extranjero, el cual usted no tenga intención de abandonar y (2) que visite los EE.UU. temporalmente por negocios.

P Si cumplo los requisitos, ¿recibo la Visa B-1 inmediatamente?

R No. El oficial consular debe determinar, basándose en la información de su solicitud, que usted sea legalmente admisible en los Estados Unidos. Ser legalmente admisible significa que usted no está excluido. El no ser excluido no tiene nada que ver con el hecho de que usted cumpla los requisitos básicos para la Visa B-1. A la gente se le considera que puede ser excluida por muchas razones. El ser excluido significa que hay problemas con usted o sus antecedentes de manera que a usted no puede serle permitido entrar a los EE.UU. Estos problemas pueden ser delincuencia, temas morales o temas de salud. Por ejemplo, tuberculosis, la cual es contagiosa, podría ser un ejemplo claro de una prohibición que haría que usted fuera excluido. En esos casos, usted no recibiría la Visa B-1 aún cuando podría calificar por otras razones.

PMi empresa me está enviando a Nueva York a una conferencia. No saben que estoy planeando dejar la compañía en el futuro y mudarme a los Estados Unidos. ¿Puedo decirle al oficial consular que estoy pensando quedarme en los EE.UU. permanentemente?

RUsted nunca debe mentirle a un oficial consular. Si está planeando quedarse en los Estados Unidos en este viaje de negocios, no califica para la Visa B-1. Si, por otra parte, sus planes de mudarse a los EE.UU. son en el futuro y no tiene bien desarrollada la intención de inmigrar a los Estados Unidos, no debería tratar esos planes tentativos con el oficial consular. La ley de los EE.UU. presume que todo aquel que solicita una visa quiere venir a vivir aquí permanentemente. La ley hace que el solicitante pruebe que realmente quiere entrar a los EE.UU. por negocios y volverse a su país. Eso sólo se logra demostrándole al oficial consular que está entrando legítimamente por negocios en forma temporal como, por ejemplo, la conferencia que está por asistir, y que tiene la intención de volver a su país una vez que su negocio temporal haya concluido.

P¿Qué documentos necesito para solicitar la Visa B-1?

R La Visa B-1 no requiere mucha documentación. Va a necesitar llenar la solicitud en el Formulario DS-156, Solicitud para Visa de No-Inmigrante. La visa va en su pasaporte por lo que también tiene que tener el pasaporte de su país al día. También va a necesitar una fotografía suya reciente que cumpla con las estrictas pautas requeridas. Llame a su consulado de los EE.UU. o vaya al sitio Web **www.state.gov** y asegúrese de confirmar los requisitos necesarios para la foto, puesto que han cambiado recientemente. Dependiendo del consulado y de sus circunstancias particulares, el oficial consular también puede pedirle documentación que corrobore lo que usted ha presentado, como información de su cuenta de banco para demostrarle a él que tiene el efectivo para el viaje a los EE.UU. de ida y vuelta y/o evidencia de un ticket de avión de ida y vuelta. Asimismo, si usted es hombre entre las edades de 16 y 45 años, tiene que llegar un nuevo formulario, el Formulario DS-157, Información Suplementaria para Visa de No-Inmigrante. Éste es un formulario suplementario que requiere datos biográficos, que también se pueden bajar del sitio Web del Departamento de Estado.

P **Entré a Estados Unidos con la Visa B-1. ¿Qué me puede ocurrir si trabajo teniendo la Visa B-1?**

R Eso depende de lo que usted quiera decir con trabajar. La B-1 es una visa para negocios y usted puede trabajar para su empresa en su país, por ejemplo, haciendo ventas y tomando órdenes, pero el pago que usted reciba debe haberse iniciado fuera de los Estados Unidos con muy pocas excepciones. Si usted está aquí con una Visa B-1 y trabaja ilegalmente recibiendo pago por sus servicios de una empresa basada en EE.UU., por ejemplo, puede ser muy contraproducente para usted. Las personas que violan las condiciones de su visa están sujetas a ser deportadas y excluidas de volver a los Estados Unidos en el futuro.

P ¿Qué pasa si me quedo más tiempo de lo debido con mi Visa B-1?

R Eso depende de cuán larga sea su estadía. Una vez que su estadía pasa la expiración del tiempo estipulado, usted está en los Estados Unidos ilegalmente—asumiendo que no haya sido detenido. Si se queda por más de 180 días del tiempo estipulado en su Visa B-1, pero sale de los EE.UU. antes de que se cumpla el año, no puede volver a los Estados Unidos por tres años. Si usted es un extranjero que permanece en los Estados Unidos ilegalmente por más de un año, no puede volver a entrar a los Estados Unidos por un período de diez años.

P ¿Es la Visa B-1 sólo para asistir a reuniones de negocios o visitar a clientes?

R No. La B-1 es una visa extremadamente versátil. Puede hacer muchas actividades de negocios diferentes. Por ejemplo, usted puede ir a una convención o a una exhibición comercial o industrial. Puede dar una conferencia o conducir un seminario. Si es escritor, puede hacer investigación en una universidad. Si es atleta, puede competir en un evento deportivo siempre que no se le pague directamente. Hasta puede competir por un premio, siempre que no se le pague directamente. Si usted es empleado de una subsidiaria extranjera de una empresa estadounidense, puede venir a un entrenamiento a los EE.UU., siempre que sea la subsidiaria extranjera la que le pague y no la oficina en los EE.UU.

PNecesito viajar por negocios en los Estados Unidos. ¿Puedo llevar a mi esposa conmigo con la Visa B-1?

RNo. Algunas visas permiten que usted traiga a su esposa, pero la B-1 no es una de ellas. Su esposa necesita solicitar una visa a su nombre para el tipo de visa que se ajuste con el propósito de su visita. Por ejemplo, si su esposa lo acompaña sólo para pasear y visitar lugares de interés, puede solicitar una Visa B-2 de turista.

ACTIVIDADES PERMISIBLES

P¿Puedo trabajar un poquito para ganar algo de dinero mientras estoy aquí como turista?

RNo. El trabajar en los EE.UU. requiere una visa en una categoría en la cual usted está autorizada a trabajar. La visa de turista no le permite trabajar. Si el USCIS descubre que ha trabajado en la categoría de turista, usted puede verse en serios problemas y también se le haría muy dificultoso volver a los Estados Unidos.

P¿Qué me ocurriría si yo viniera a los EE.UU. con una Visa B-1 y tratara de conseguir un trabajo regular en un supermercado local?

RNo sería muy factible que pueda conseguir trabajo porque cualquier empleador en los EE.UU. que sepa las leyes de empleo, le va a requerir que llene el Formulario I-9 porque todos en los Estados Unidos, incluyendo ciudadanos estadounidenses, ahora deben proporcionar pruebas de que son elegibles para trabajar legalmente en los EE.UU. Puede pasar la entrevista, pero una vez que lo han tomado, va a necesitar llenar el formulario. Si, de alguna forma, usted consiguiera el trabajo, sería estropear su Visa B-1 y podría ser deportado y excluido de visitas futuras a los Estados Unidos.

P¿Qué pasaría si yo decidiera trabajar a escondidas recibiendo dinero en efectivo?

RAquí está el riego—usted no puede trabajar por un salario que pague un empleador de EE.UU. durante el tiempo que usted esté en Estados Unidos con una Visa B. No importa si los pagos son regulares o a escondidas en efectivo. Así que si se le descubren, le pueden deportar y excluir de volver a los Estados Unidos.

PRealmente necesito dinero en efectivo. Estoy aquí como turista ya que tengo vacaciones por ser estudiante en mi país. Mi amigo trabaja como cantinero en un bar ubicado en una mala zona de la ciudad. El dueño les paga a todos con cheque, pero uno sólo lo puede cobrar en el bar. Él no declara a sus empleados al gobierno para propósitos de impuestos. Mi amigo me dijo que mientras yo trabaje por dinero en efectivo, no estoy realmente trabajando para propósitos inmigratorios así que estaría bien en mi visa de visitante. ¿Es cierto?

R No. Esta es una mala idea por muchas razones. Es una mala idea para su estado inmigratorio porque a los visitantes no se les permite trabajar, punto. No interesa si es en efectivo, cheque o cheque especial. También, aunque al dueño le resulte conveniente ahora pagarle a todos con cheques falsos, todo podría cambiar si su contador lo asusta diciéndole que debe cumplir con las leyes federales y los requisitos de impuestos. En ese caso, lo que le convendría, sería que lo echara; lo peor sería que lo denuncie al USCIS o a la Imposición de Inmigración y Aduanas de los Estados Unidos (ICE) como trabajador ilegal.

P Siempre he soñado comprar una granja en los Estados Unidos. Estoy fascinado particularmente con la facilidad con que se puede comprar una propiedad en los Estados Unidos. ¿Puedo hacer esto con una visa de visitante?

R Sí. Éste es un uso apropiado de la visa de visitante B-1/B-2. Usted tiene razón, comparado con otros países en el mundo, es muy fácil para extranjeros comprar propiedad en los Estados Unidos. Si usted fuera residente permanente legal, podría comprar una granja así como lo haría un ciudadano estadounidense. Posiblemente tenga problemas de impuestos diferentes a aquellos de un comprador ciudadano, pero la compra se puede efectuar fácilmente.

PViajo a Estados Unidos frecuentemente por negocios. Quisiera comprar un condominio aquí porque vengo con tanta frecuencia. Según consejos de mi hermano, no puedo comprar mi propia propiedad en los EE.UU. como extranjero. ¿Es verdad?

RNo. Su hermano está equivocado. No está prohibido que los extranjeros sean dueños de propiedades en los Estados Unidos, aunque a veces existen requisitos de inscripción. Sin embargo, la preocupación de su hermano es pertinente. Como visitante de negocios con una Visa B-1 usted no puede ser inmigrante con intención de vivir en los Estados Unidos. Si sus viajes legales frecuentes despiertan la curiosidad del inspector del USCIS, va a tener que explicarlo. El hecho de comprar propiedad aquí mientras está visitando con una visa de no-inmigrante puede indicarles a ellos que usted tiene intención de ser inmigrante.

PQuiero conducir mientras estoy visitando los EE.UU. ¿Puedo hacerlo legalmente?

RSí. Usted tiene que haber sido admitido legalmente a los Estados Unidos y debe tener una licencia de conducir válida de su país. Debe obedecer las leyes de tráfico de los estados por los que intenta conducir (incluyendo reglamentos sobre beber y conducir). Esto implica también los requisitos de seguros del estado. Si su visita va a durar más de treinta días, debería consultar con las autoridades de la licencia de conducir del estado si necesita o no obtener una licencia estatal. Algunos estados requieren que obtenga una licencia temporal si pasa más de cierto tiempo manejando en el estado.

P ¿Puedo manejar en los Estados Unidos si soy un extranjero ilegal?

R Los extranjeros ilegales no tienen el derecho a manejar en los Estados Unidos. Usted sólo puede manejar con su licencia extranjera durante el primer año. Tampoco puede manejar legalmente si se ha quedado más tiempo de lo que estipula su visa de visitante.

P ¿Qué pasa si, mientras estoy visitando los EE.UU., soy arrestado y condenado por DUI (conducir bajo la influencia del alcohol) o DWI (conducir estando intoxicado)?

R Si está conduciendo sólo con la licencia de su país o tiene un permiso internacional de conducir o un permiso de conducir Interamericano, existen diferentes reglamentos. Las autoridades de EE.UU. generalmente no tienen derecho de quitarle su licencia de conducir extranjera; sin embargo, usted puede perder el privilegio de conducir en los Estados Unidos si viola la ley de los EE.UU. al ser condenado por DUI.

P Mi primo juega mucho. Tiene miedo que el gobierno no le permita llevarse sus ganancias a su país. Él trajo $20.000 en efectivo a los Estados Unidos en su última visita y me pidió que le invirtiera su dinero aquí. ¿Está bien eso?

R No. Lo que usted puede llamar un favor, desafortunadamente, las autoridades federales pueden llamarlo lavado de dinero. Grandes cantidades de efectivo, particularmente un exceso de $10.000 dólares, generalmente son problemáticas. El lavado de dinero es una de las cosas que le puede meter en problemas, puesto que en los EE.UU. ven el lavado de dinero como una de las razones más claras para prevenir que un extranjero venga a los Estados Unidos. La gente que vive en países con economías inciertas, a menudo utiliza a los Estados Unidos como refugio. Sin embargo, sería mejor que usted le facilitara a su primo una lista de bancos y le dijera que telegrafíe el dinero directamente a una Cuenta en Dólares Estadounidenses. Aparte del lavado de dinero, su primo tiene un problema de inmigración a la vez, porque una de las preguntas en la frontera de EE.UU. en el formulario de entrada es "¿Lleva consigo dinero o instrumentos monetarios por más de $10.000 dólares estadounidenses?". Si su primo contestó "No," ha mentido en su forma de entrada, lo cual podría significar una base de cargos de delincuencia contra él y resultarle en su deportación o exclusión.

P Voy a pasar el verano en los Estados Unidos con una Visa B-2. La mayoría de mis amigos son ciudadanos y están involucrados activamente en la política. Forman parte de un grupo de Latinos de su universidad que animan a otros para que se inscriban para votar. Yo hablo el inglés bien y le he estado diciendo a la gente que soy ciudadano naturalizado para poder tomar parte en los debates políticos sin ser relegado como sólo un extranjero. Ahora quieren que me inscriba para votar. ¿Puedo meterme en un problema al hacer eso?

R No, usted se puede meter en problemas, se puede meter en un gran problema. Se considera una infracción a la ley penal fingir ser un ciudadano de EE.UU. La forma más común en que este problema pueda presentarse es si usted trata de inscribirse para votar bajo pretensiones falsas. Como visitante, usted puede hacer muchas cosas en los Estados Unidos. Puede manejar y ser dueño de muchos tipos de propiedades, pero no puede votar. Sólo se les está permitido votar a los ciudadanos de EE.UU. Si usted comete un crimen mientras está en Estados Unidos con visa de visitante, puede estar sujeto a exportación o ser excluido a hacer visitas futuras.

P Estoy aquí como visitante con una Visa B-1. Quiero formar una corporación para hacer negocios en los EE.UU. ¿Puedo hacer eso?

R Sí. La visa de negocios B-1 es apropiada para venir a los Estados Unidos a formar una corporación o, de otra manera, tomar pasos para establecer un negocio estadounidense para sus actividades exteriores de negocios en los Estados Unidos.

Discuta estos planes con su contador o abogado porque existen requisitos especiales para ciertos tipos de corporaciones estadounidenses.

PEstoy aquí como visitante con una Visa B-2. Mi familia y yo queremos navegar mientras estamos en los EE.UU. ¿Puedo comprar un velero?

RSí. Como visitante con la Visa B-2 usted puede comprar un barco de placer.

P¿Puedo venir a los Estados Unidos por negocios en la categoría B-1 y también visitar lugares de interés hasta que sea momento de volverme?

RSí. Igual tendría que irse cuando se le acabe el tiempo, pero usted puede también visitar los EE.UU. en un tour mientras está aquí por negocios. La mayoría de las visas de visitantes se emiten como B-1/B-2 para permitirle actividades de negocios y personales durante su visita.

P¿Qué pasa si me quedo en EE.UU. más tiempo del estipulado mientras estoy de visita con una Visa B-1/B-2?

RSi se queda más tiempo del permitido, le pueden sacar de los Estados Unidos y/o puede prohibírsele volver a entrar a los Estados Unidos dependiendo del tiempo que se haya quedado de más.

PMi primo dice que siempre se quedaba más del tiempo permitido. Dice que ha hecho eso de vez en cuando durante el período total de diez años que duró su Visa B. ¿Puedo hacer eso?

RSería mala idea asumir esa actitud después del 11 de septiembre. El gobierno de EE.UU. está gastando millones de dólares y miles de horas para obtener un sistema de entrada y salida para poder descubrir a personas como su primo y a todos los visitantes de Estados Unidos. Las estadías de más, aunque sean cortas, pueden revocarle su visa.

P¿Qué puedo hacer si me quedo más tiempo del estipulado?

REsté preparado para que le interroguen extensamente si decide volver a los Estados Unidos, y posiblemente prepárese para no ser aceptado. En ese caso, usted podría tratar de que la Secretaría de Seguridad del Suelo Patrio determinara que, circunstancias extraordinarias relacionadas a los intereses de los Estados Unidos, requieren que usted sea admitido. Esto no es muy común. Lo más práctico al respecto y lo más fácil que podría hacer es volver a solicitar una nueva visa de turista.

P ¿Generalmente, como entra la gente en problemas con las Visas B?

R El reto más grande al tener una Visa B es que, si está aprobada, puede servir por diez años. Esto causa que algunos viajeros comiencen a verla como el equivalente a una Tarjeta de Residencia. Vienen a los EE.UU. todos los años, de vez en cuando, compran propiedades y empiezan a pasar las fiestas aquí. Ninguna de estas cosas es un problema por sí mismo. El reto es que con la implementación del sistema VISIT EE.UU., el gobierno va a saber cuándo un extranjero ha entrado y dejado los EE.UU. y cuán seguido. Si el visitante está pasando mucho tiempo en los Estados Unidos, el USCIS asumirá que él o ella tienen intenciones de inmigrante y le negarán la entrada con Visa B-1/B-2.

P ¿Cómo sabe el USCIS cuánto tiempo se quedan los visitantes en los Estados Unidos?

R Una de las razones por las que el gobierno de EE.UU. está presionando tanto el sistema VISIT EE.UU. es porque el sistema de salida-entrada está combinado con la visa legible a máquina y con los requisitos del pasaporte, y éstas son registrados en datos biométricos. La información es escaneada a la entrada y a la salida. Por lo tanto, las autoridades de los EE.UU. podrían fácil y rápidamente identificar a la persona (con cierto grado de certeza, aunque quizás esto no sea posible actualmente) y decidir exactamente cuánto tiempo él o ella se ha quedado.

P ¿Por qué es un error tan grande comenzar a vivir en los EE.UU. con una Visa B?

R Vivir en los Estados Unidos con una Visa B-1/B-2 significa que usted está fuera de su estatus válido y esto puede hacer creer al USCIS que usted tiene intención de ser inmigrante. Algunas visas le permiten tener un doble estatus. Esto significa que puede planear simultáneamente ser inmigrante y vivir en los Estados Unidos permanentemente, y, a la vez, ser un no-inmigrante que intenta dejar los EE.UU. Esta visa no es una de aquellas. Si el USCIS o el consulado de EE.UU. determinan que usted tiene intención de ser inmigrante, habrá un montón de visas que no podrá conseguir—incluyendo la B-1/B-2 que ya tiene.

P No tengo buen estatus legal. ¿Qué me puede pasar?

R Le pueden hacer salir del país o excluirle. Éste es el punto práctico. Antes del 11 de septiembre, el gobierno de EE.UU. tenía una idea general de lo que ocurría con inmigración. Ahora están bajo presión constante y profunda para encontrar e investigar a esos visitantes totalmente y bajo precisión. Así que ahora, si se queda más tiempo del permitido, hay más probabilidades de que el gobierno lo sepa y actúe. Antes del 11 de septiembre, excepto que tuviera mala suerte o hubiera presentado el papeleo al entonces INS (Servicio de Inmigración y Naturalización) sin saber que estuviera fuera de estatus, sus oportunidades de que pasara inadvertido eran mucho mayores.

P Mi familia y yo vamos a visitar Florida este verano. Hemos escuchado que es peligroso, especialmente para gente de Alemania como nosotros. He notado que muchos ciudadanos de EE.UU. acá tienen revólveres. ¿Puedo comprar un revólver para protegernos también?

R No. En general, los visitantes no inmigrantes a los Estados Unidos no pueden poseer armas de fuego ni municiones. Hay algunas excepciones. Por ejemplo, si usted fuera un deportista que viene a cazar (un cazador) o si fuera miembro de algún establecimiento de ejecución de la ley en su país y estuviera aquí por negocios oficiales, eso podría ser razón suficiente para hacerlo.

QUEDÁNDOSE EN LOS ESTADOS UNIDOS

P Mi hermano vino como turista con una Visa B-2. Ahora decidió que realmente le gusta aquí y se quiere quedar. ¿Qué necesita para poder quedarse en los Estados Unidos?

R Su hermano entró a los Estados Unidos con una visa de no-inmigrante con intención de no-inmigrante. Ahora quiere cambiar su estado al de inmigrante porque ha decidido que quiere vivir aquí con base casi permanente. Para que se pueda quedar en los Estados Unidos, él necesita cambiar la categoría de su visa a una que le permita quedarse en los Estados

Unidos permanentemente. Este proceso se llama ajuste de estatus. Su hermano entró a los Estados Unidos con una visa de turista B-2. Esa visa permite ajuste de estatus.

P¿Qué se requiere para ajustar el estatus a una visa de inmigrante?

REl primer requisito es ser inspeccionado y admitido legalmente a los Estados Unidos. También tiene que estar en estado legal. Para ajustar su estatus al de inmigrante, uno debe:

➤ llenar una solicitud para el ajuste;

➤ ser elegible para recibir la visa de inmigrante y ser admitido a los Estados Unidos para tener residencia permanente; y,

➤ deber haber una visa de inmigrante disponible inmediatamente.

Eso es lo difícil, porque usted necesita tener o un trabajo o una relación familiar que le permita tener una visa de inmigrante inmediatamente.

P¿Hay alguna forma segura de ajustar el estado de una Visa B-1/B-2 a una visa de inmigrante?

REl camino más directo para ajustar el estado de una persona que tiene Visa B a residente extranjero permanente es ser el beneficiario de una visa disponible de familiar inmediato. Por supuesto que, para que tenga eso, usted tiene que ser el cónyuge, padre(madre) o niño(a) soltero de un ciudadano estadounidense.

PMi hermana recibió una gran cantidad de boletas de estacionamiento mientras estuvo de turista en Chicago. ¿Le ocasionará eso un problema si quiere ajustar su estatus y quedarse en los Estados Unidos?

RProbablemente no para propósitos de inmigración. A pesar de que estaría en problemas si hubiera cometido un acto penal durante su estadía en los Estados Unidos, las boletas de estacionamiento por sí mismas no causan problema de inmigración.

P¿Hay alguna categoría de visa de visitante para la cual no pueda recibir una extensión?

RSí. Hay varias categorías de visa para las cuales el USCIS no permite que haya una extensión. Por ejemplo, si usted viene a los Estados Unidos sin una visa bajo el Programa de Exención de Visas. Además, no puede recibir una extensión:

➤ si es parte de la tripulación de un barco o avión;

➤ si está de paso por los Estados Unidos; o,

➤ si usted vino a los Estados Unidos como prometido(a) de un ciudadano(a) estadounidense o a cargo de un(a) prometido(a).

EN CUANTO A TRATAMIENTO MÉDICO

PLa prima de mi prometido está muy enferma. Le gustaría venir a los Estados Unidos para recibir tratamiento médico. ¿Hay algo que se pueda hacer que le permita venir aquí para recibir ese tratamiento?

RSí. Ella puede calificar para venir a los EE.UU. por razones humanitarias. Sin embargo, este proceso también significa obtener una visa, excepto que su primo sea de un país que participe en el Programa de Exención de Visas. Generalmente, la visa que se solicita es la Visa B-1/B-2. La Visa B permite que la gente visite los EE.UU. temporalmente por negocios, placer o tratamiento médico.

PNecesito recibir cuidado médico en los Estados Unidos, pero mi país no está dentro del Programa de Exención de Visas. ¿Qué necesito para recibir la visa apropiada?

RAún cuando esté viajando por razones médicas, igual tendrá que pasar por todo el proceso de visa de no inmigrante. Necesitará llenar el Formulario DS-156, Solicitud De Visa De No-Inmigrante y cualquier documento de respaldo necesario y también tendrá que solicitar la visa en el consulado de EE.UU. más cercano.

P¿Qué información necesitaré acerca de mi condición médica si quiero ser tratado en los Estados Unidos?

RSu equipo local de tratamiento médico deberá proveer explicaciones detalladas y evaluaciones que muestren claramente la razón por la cual usted necesita ir a los Estados Unidos de América por tratamiento.

P¿Necesito documentos del hospital de los EE.UU. antes de obtener la visa para recibir tratamiento médico en los Estados Unidos?

REste no es un verdadero requisito, pero es mejor si usted puede mostrar documentos de un hospital o centro médico de EE.UU. que demuestre por qué necesita que el tratamiento se haga en los Estados Unidos. Esto es necesario especialmente para tratamientos largos o caros. Los documentos del hospital de EE.UU. deberían explicar la duración del tratamiento y el costo. Usted debe estar preparado para demostrar cómo pagará por el tratamiento.

P¿Por qué es que el consulado de EE.UU. está tan interesado en mis posibilidades de pagar el tratamiento médico? ¿No tiene Estados Unidos cuidado de salud?

69

R Hay dos razones por las que el oficial consular está preocupado por el pago. Primero, quiere estar seguro de que usted no trabajará en los Estados Unidos para pagar las cuentas médicas. Segundo, se quiere asegurar que usted no tenga cuentas muy altas en un hospital que no pueda pagar. EE.UU. tiene un sistema de cuidado de salud que requiere que los hospitales públicos y los doctores traten a los pacientes y los estabilicen sin importar la capacidad que el paciente tenga para pagar. El consulado está tratando de evitar una situación en la cual un doctor de EE.UU. le dé una carta que diga que va a necesitar una visita en su oficina para hacer el diagnóstico. Entonces, después de su llegada a los Estados Unidos, el doctor le mandará al hospital. El hospital estará obligado, por ley, a tratarlo. Si no puede pagar la cuenta, las autoridades del hospital pueden sentirse obligadas a buscar el dinero que se da en beneficencia para los indigentes locales o usar dinero de los contribuyentes.

P ¿Se puede venir a los Estados Unidos para que le traten médicamente por cualquier enfermedad?

R No. Si su enfermedad le hace excluible de los Estados Unidos, usted no podrá venir a menos que usted tenga una situación especial. Las enfermedades que le hacen excluibles son SIDA y tuberculosis.

3.

Trabajar en los Estados Unidos

Venir a los Estados unidos para trabajar o estudiar—como artista, enfermero(a), científico, ingeniero, periodista, maestro(a), estudiante universitario o cualquier otra carrera que pueda imaginar—es una de las razones más comunes por las cuales las familias visitan y viven temporalmente en los Estados Unidos. Mucha gente piensa que recibir un "permiso de trabajo" para trabajar en los Estados Unidos por uno o dos años es casi imposible. De hecho, la ley es bastante liberal y abierta al respecto. Mientras usted tenga la oferta de trabajo, ocupación o patrocinio adecuados, es casi seguro que usted puede conseguir una visa de trabajo temporal.

¿Cómo puede usted o un familiar suyo conseguir una de estas visas? ¿Qué pasa con ustedes, la familia? ¿Pueden venir con sus parientes? ¿Pueden trabajar en los Estados Unidos si vienen aquí? ¿Puede ir a la escuela mientras su familiar trabaja? ¿Cuánto tiempo se pueden quedar? Estas son algunas de las preguntas que se responden en este capítulo.

Antes de leer las preguntas para encontrar la que más se aproxime a su situación, puede que quiera conocer qué tipo de visas temporales se encuentran disponibles para personas que tienen la oferta adecuada de una empresa, hospital u organización estadounidense (Visas H); para empleados de empresas extranjeras que están siendo transferidos a otra oficina de la misma empresa en los Estados Unidos (Visas L);

para ciertos tipos de inversionistas y hombres de negocios (Visas E); para individuos que están asistiendo a un entrenamiento o programa de intercambio (Visas J, M, Q); para artistas, científicos, maestros, ejecutivos y atletas reconocidos (Visas Q, P); y para estudiantes (Visas F), aunque los estudiantes sólo pueden trabajar bajo circunstancias muy limitadas. Estas visas permiten que la persona beneficiada pueda traer a su cónyuge y a sus hijos menores a los Estados Unidos.

Existen diferencias en cuanto a lo que usted puede hacer y lo que tiene que adquirir para obtener una de estas visas de trabajo temporales, y existen diferencias en la forma en que son tratados los miembros de la familia de cada una de las personas que tienen estas visas.

Las siguientes preguntas y respuestas, tomadas de situaciones de la vida real, le ayudarán a identificar estas diferencias y a ver, exactamente, cómo se podría manejar su situación.

EL COMIENZO

P Mi esposo y yo no vivimos en los Estados Unidos. Una empresa norteamericana quiere contratarlo para que trabaje en un proyecto de ingeniería por dos años en Chicago. ¿Puede obtener una visa para eso? ¿Puedo ir con él?

R Sí. Hay un tipo de visa especial de no-inmigrante que permite que trabajadores extranjeros vengan a los Estados Unidos a trabajar temporalmente para un empleador de EE.UU. La visa se llama Visa H y fue aprobada por los legisladores estadounidenses para aliviar la economía de EE.UU. Esto se obtiene haciendo posible que las empresas, hospitales, granjeros, etc. puedan contratar trabajadores extranjeros. La necesidad del trabajador extranjero debe ser inmediata y temporal. Su situación satisface los requisitos, así que puede pedirle a la empresa estadounidense que comience el proceso de solicitud. A su esposo lo están contratando como ingeniero, lo cual el USCIS denomina como una ocupación con especialidad y lo califica a él para una Visa H-1B. Usted puede obtener una Visa H-4 y acompañarlo.

P Una empresa de Detroit quiere ofrecerle trabajo a mi esposa. Estoy muy contento porque, de otra manera tendríamos que volvernos a nuestro país. ¿Tiene importancia qué posición vaya a desempeñar? Si ella obtiene una visa para ese trabajo, ¿me puedo quedar yo también en los Estados Unidos?

R Sí, la diferencia es importante. No todos los trabajos son iguales a los ojos del servicio de inmigración. En otras palabras, si quiere utilizar una oferta de trabajo para obtener una visa para quedarse en los Estados Unidos, el trabajo debe ser apropiado y su esposa debe calificar para el mismo. La ley sólo permite que extranjeros en ciertas categorías de trabajo obtengan una visa de trabajo basada en el trabajo que vayan a desempeñar estando en Estados Unidos de forma temporal. Si su esposa califica, usted puede recibir una visa como persona a cargo de otra y quedarse también en los Estados Unidos.

P ¿Qué tipo de trabajos justifican visas de trabajo temporales?

R La visa principal que se usa para propósitos de trabajo temporal—la Visa H—reconoce los siguientes tipos de trabajadores temporales:

➤ enfermeras(os) registrados;

➤ trabajadores en ocupaciones específicas, o sea, un trabajo que requiere una especialización universitaria;

➤ artistas, modelos, anfitriones o animadores y atletas reconocidos;

➤ labradores que inmigran por temporadas para trabajar en el campo y otros tipos de trabajadores temporales que se necesitan en épocas de carga máxima;

➤ participantes de programas de educación especial para niños discapacitados; y,

➤ participantes de otros tipos de programas de entrenamiento.

P ¿Hay límites en el número de visas de trabajo temporales disponible?

R Sí, el número de Visas H-1B, probablemente la visa temporal de trabajo para trabajos especializados más conocida, es limitado. Cada año fiscal (el año fiscal del gobierno va del 1° de octubre al 30 de septiembre) sólo existen 65.000 de estas visas disponibles para todos los trabajadores extranjeros. Otras 35.000 visas H-1B están disponibles para los trabajadores extranjeros que se han graduado de universidades estadounidenses. Esto parece mucho, pero en el 2005 la demanda para las visas H-1B fue tan grande que los números de visas se agotaron dos meses antes que los solicitantes individuales pudieran comenzar a trabajar. Otras visas temporales de trabajo, como la Visa L-1 para transferencias al interior de una compañía de gerentes y de conocimientos especializados, son ilimitadas.

P He escuchado acerca del límite de las visas H-1B. ¿Cómo puede evitarlo?

R Existen dos maneras de evitar el límite de las visas H-1B. La primera es comenzar su solicitud lo más temprano posible. Generalmente, esto significa presentar su solicitud el 1º de abril del año en que desea comenzar a trabajar. Esto se debe a que la fecha más temprana en que puede usted podría comenzar a trabajar en cada año fiscal es el 1º de octubre (que es el primer día del año fiscal del gobierno) y la fecha más temprana en que usted puede solicitar la certificación laboral necesaria para la visa H-1B es seis meses antes de comenzar a trabajar—en otras palabras, el 1º de abril. La segunda manera de evadir el límite de la visa H-1B es solicitar una visa diferente. Frecuentemente, los solicitantes que cumplen los requisitos para una visa H-1B cumplen los requisitos para acceder a una visa de inmigración basada en empleo (EB-2) o una visa L-1 de transferencia al interior de una compañía.

P Tengo una Visa H-1B. ¿Qué pasa cuando llego al límite de seis años?

R Si, usted quiere obtener otra Visa H-1B, puede dejar los Estados Unidos y quedarse afuera por un año. Después puede solicitar otra Visa H-1B. No puede solicitar una extensión; sin embargo, si usted califica para un tipo diferente de visa o de estatus inmigratorio, puede pedir ajustar su estatus.

P **Mi esposo ha estado trabajando en los Estados Unidos con una Visa H-1B cerca de tres años. Las cosas estuvieron un poco lentas al principio, así que volvimos a nuestro país a pasar un tiempo con nuestra familia. La empresa estadounidense ahora quiere extenderle la visa. ¿Podemos hacerlo desde aquí?**

R No. Debe estar físicamente presente en los Estados Unidos cuando se presenta la petición para una extensión. La posición del USCIS es que si no está en los Estados Unidos, usted no mantiene su estatus migratorio. Por lo tanto, usted no tiene ningún estatus migratorio que pueda extender.

P **Me he acercado a varias empresas tratando de conseguir un trabajo en los Estados Unidos. Apenas descubren que soy de Eslovenia, dejan de hablar conmigo y dicen que nunca voy a conseguir la visa adecuada. ¿Puedo hacer algo al respecto?**

R Sí. Trate de averiguar si las empresas con las que ha estado hablando están preocupadas de los peligros que existen al contratar a trabajadores ilegales. Puesto que se agregaron sanciones a las leyes inmigratorias a través de la Ley de Control y Reforma de Inmigración de 1986, muchas empresas dejaron de contratar trabajadores extranjeros para evitar ponerse en una situación donde ellos deban pagar una multa. Si usted piensa que quizás eso es lo que está ocurriendo en su caso, asegúrese de que lo trate al principio de cualquier entrevista o contacto con la empresa. Dígales que usted está legalmente en los Estados Unidos y que no ha aceptado ni aceptará ningún trabajo ilegal. Recuérdeles que usted calificará para la visa de trabajo adecuada basándose en el trabajo que ellos le están ofreciendo combinado con sus características. Si la petición para esta visa se aprueba, no existe absolutamente ningún peligro de que se vean sujetos a ninguna multa ni penalidad por contratarlo(a).

PMi esposo está solicitando una visa de trabajo. ¿Cómo funciona el proceso para la visa de trabajo H?

RLa compañía de su esposo prepara y presenta una Solicitud de Condición Laboral a través del Formulario ETA-9035 a la Agencia de Empleo o Laboral Estatal/Departamento del Trabajo. El Departamento del Trabajo/Agencia Laboral Estatal tiene que certificar que es necesario contratar a un trabajador extranjero para ese trabajo. El Formulario ETA-9035 puede presentarse electrónicamente por Internet para acelerar el proceso. En esta solicitud, la compañía debe demostrar:

➤ que los salarios de su esposo van a estar por encima del promedio salarial correspondiente a su ocupación;

➤ que dicho trabajo no tendrá ningún efecto negativo en los trabajadores estadounidenses que realizan un trabajo similar; y,

➤ que no existe ninguna disputa laboral en la planta donde él va a trabajar.

Asimismo, una copia de la Solicitud para Condición Laboral debe anunciarse en la empresa por medio de un cartel. La empresa, entonces toma el formulario aprobado por el Departamento de Trabajo y lo adjunta al Formulario I-129 y, seguidamente, envía el Formulario I-129 con el suplemento H y la Solicitud para Condición Laboral (todo lo cual se conoce como la petición), al Centro de Servicio del USCIS responsable por la región donde se desempeñará el trabajo. El USCIS debe examinar sus credenciales y la oferta de trabajo para asegurarse que su esposo y la posición de su esposo califican. El USCIS enviará una nota de aprobación cuando apruebe su petición. Debido a que ustedes no están en los Estados Unidos, deben llevar la nota de aprobación del USCIS al consulado de EE.UU. junto con el Formulario DS-156, Solicitud para Visa de No-Inmigrante. Si se cumplen todos los requisitos, el oficial consular le estampará la Visa H-1B en su pasaporte.

PNos está tomando semanas y semanas recibir y reunir todos los documentos para solicitar una visa de trabajo. ¿Cuánto tiempo le toma al gobierno procesarlo?

RSi usted esta presentando una solicitud para una Visa H-1B para ocupaciones especiales, usted tiene que tomar en cuenta dos tiempos de procesamiento diferentes. Primero, el Departamento del Trabajo debe certificar la Solicitud de Condición Laboral. Esto toma desde uno a dos días (si se presenta electrónicamente), hasta uno o dos meses, dependiendo del estado en que está ubicado. Luego el USCIS debe procesar y aprobar la petición. Esto puede tomar otros tres a cuatro meses, dependiendo del Centro de Servicio de USCIS al que usted la envía y la carga laboral de esa institución en ese momento.

P¿Hay alguna manera que yo pueda agilizar el trámite de mi solicitud de visa (H-1B)?

RSí. El USCIS ofrece un proceso de mayor calidad por una suma adicional de $1.000 (dólares). De este modo, se puede reducir el tiempo de proceso a un mínimo de quince días.

PTrabajo en un hospital en Detroit como enfermera. Mi esposo y yo presentamos una solicitud para ser residentes permanentes en los Estados Unidos. Necesito volver a mi país por aproximadamente cuatro semanas para solucionar algunos negocios familiares. El hospital donde trabajo no tiene ningún problema en darme el tiempo libre. ¿Necesitamos algún tipo de permiso especial para ir a mi país y luego volver?

RUsted puede viajar a su país y volver a los Estados Unidos con su visa de trabajo temporal. Como enfermera registrada, usted está trabajando en los Estados Unidos con una Visa H-1C. Esta visa tiene ciertas ventajas sobre otras visas de trabajo temporales. Una de esas ventajas es que no necesita un permiso especial para salir de los Estados Unidos y sigue manteniendo su estatus migratorio. Sólo necesita tener su Visa H-1C válida y llevar consigo el aviso del recibo original para su solicitud de ajuste de estatus (lo recibió junto con el Formulario I-797).

P Trabajo como enfermero en Phoenix y mi esposa cuida a nuestros hijos. Hemos solicitado la Tarjeta de Residencia. ¿Puede mi esposa empezar a trabajar antes de recibir la Tarjeta de Residencia?

R Sí. Basado en su solicitud para ajuste de estatus a residentes permanentes, usted puede solicitar un Documento de Autorización de Empleo. Una vez aprobado, su esposa puede trabajar.

P Ambos hemos estado trabajando en el ámbito de cuidado de la salud en los EE.UU. Hemos solicitado la Tarjeta de Residencia y también hemos recibido los Documentos de Autorización de Empleo. Mi esposa piensa cambiar de trabajo en un hospital diferente. ¿Existe algún problema con esto?

R Sí y no. No hay un problema de fondo porque ella está autorizada para hacerlo, pero estó tiene sus consecuencias. Su esposa ha estado trabajando con una visa temporal H-1C para trabajadores no inmigrantes. Esa visa sólo la autoriza a trabajar en el empleo que la visa cubre. Eso también significa que ella esta considerada como una persona no inmigrante. Ahora, si ella ha solicitado la residencia permanente y ha recibido autorización de empleo basándose en la aprobación pendiente de su Tarjeta de Residencia, entonces, recién puede trabajar en otro empleo.

Sin embargo, al dejar el empleo para el cual fue aprobada en la Visa H-1C y aceptar otro empleo, (empleo de mercado abierto), ella abandona su estatus temporal de no inmigrante. Esto puede constituirse en un problema, por ejemplo, si necesitara viajar de vuelta a México antes de que se le emita la Tarjeta de Residencia. Si no tiene cuidado, ese viaje puede ocasionarle la pérdida de su solicitud de Tarjeta de Residencia. Para evitar esta posibilidad, su esposa deberá:

➤ no tomar ningún trabajo hasta que se apruebe su Tarjeta de Residencia;

➤ tomar el trabajo, pero no viajar fuera de los Estados Unidos antes de que se le apruebe la Tarjeta de Residencia; o,

➤ antes de viajar, recibir permiso anticipado (permiso condicional) del USCIS para viajar fuera de los Estados Unidos.

P He estado trabajando como ingeniero para una empresa norteamericana en Boston. Mi esposa ha viajado conmigo como y con una visa de persona a mi cargo. A mi esposa le gustaría trabajar. ¿Puede?

R No. Usted está trabajando en los Estados Unidos bajo una visa ocupacional por tener una especialidad, la Visa H-1B. Su esposa está como su cónyuge bajo la Visa H-4. Los que poseen la Visa H-4 no pueden trabajar. Su esposa tendría que calificar y recibir aprobación para un permiso de trabajo por sí misma.

P Mi esposa es enfermera registrada y está trabajando en Boston. Nos gustaría mudarnos a Chicago para estar cerca de otros familiares. ¿Puede mi esposa trabajar en Chicago con la visa presente?

R No. Su esposa está trabajando en los Estados Unidos con una visa basada en el hospital de Boston quien la apoyó legalmente para obtener la Visa H-1C. Esa visa sólo le permite trabajar en el empleo cubierto y aprobado en la petición de la visa. Si puede conseguir que el hospital en Chicago presente una petición a su favor y aquella solicitud fuera aprobada, sólo entonces puede cambiar de trabajo y mudarse a Chicago.

P Mi esposa es enfermera. Un hospital de Saint Louis quiere contratarla. Ya han presentado los papeles. Hay tanto trabajo que hacer que ella podría empezar a trabajar ahora. La enfermera principal dice que si ella sólo trabaja de voluntaria y no se le paga, ella puede hacerlo antes de recibir la visa y que se le puede pagar después. ¿Es verdad eso?

R No. Si su esposa trabaja como voluntaria y después recibe un pago adicional por ello, estaría haciendo un trabajo no autorizado. Esto violaría su estatus migratorio actual bajo el cual ella no está autorizada para trabajar. Si ella trabaja con una visa que no se lo permite, le estaría permanentemente prohibido ajustar su estatus a residente permanente en el futuro.

P Mi esposo acaba de recibir un trabajo en una gran empresa de computadoras en California. ¿Podemos llevar a nuestros hijos a los Estados Unidos? ¿Cuánto tiempo nos podemos quedar en California?

R Su esposo va a venir a los Estados Unidos con una visa por especialidad en su ocupación, una Visa H-1B. Esta visa permite que la esposa y sus hijos puedan venir con su esposo con Visas H-4. Normalmente, sus visas estarían limitadas a tres años cuando usted viene por primera vez a los Estados Unidos. Puede extenderla hasta seis años, si su esposo continúa cumpliendo con los requisitos.

P Mi familia y yo hemos estado viviendo en los Estados Unidos por casi seis años. Yo tengo una Visa H-1B y trabajo para una empresa petrolera multinacional. Me han dicho que al final de los seis años, tendremos que regresar. Durante los últimos seis años, mi familia y yo hemos tenido que pasar mucho tiempo en mi país por varias razones. Mi empleador ha sido muy generoso en permitirme el tiempo libre. ¿Contará este tiempo fuera del país hacia el límite de seis años?

R No. Usted puede agregar el tiempo que pasó fuera de los Estados Unidos al período de seis años y así quedarse más tiempo, pero usted tendría que probar que el tiempo fuera de los EE.UU. interrumpió su empleo de una manera significativa. Para que esto ocurriera su empleador tendría que probar esto al

USCIS. (En general, se aceptaría una licencia por enfermedad para cuidar a familiares, pero el probarlo queda en sus manos.)

PLa empresa de mi esposo está reduciendo su personal por causa de ciertos factores económicos. Nos dijeron que lo van a tener que despedir. Nosotros vinimos aquí hace dos años debido a este trabajo y todavía nos queda un año en la visa. ¿La compañía puede hacer esto? ¿Podemos quedarnos el tiempo restante de nuestra visa?

RLa compañía puede despedir a sus empleados—incluyendo empleados que ha patrocinado para Visa H-1B como su esposo—siempre que cumplan con cualquier ley laboral que corresponda. También, una vez que su esposo sea despedido, ya no tendrá el derecho de trabajar en los Estados Unidos porque este derecho fue sólo para el trabajo específico que está haciendo ahora. Esto significa que no podrán quedarse en los Estados Unidos una vez que termine el trabajo, excepto por un período de gracia de diez días. Si no desean volverse a su país ahora, deberían tratar de encontrar otro empleador que presente una petición para su esposo o para usted.

PUn amigo me dijo que existe algo llamado la regla de los 180 días. ¿Me podría decir qué es y si puedo usarla con mi empresa?

REsta regla es para trabajadores con Visa H-1B que tienen peticiones de inmigración pendientes y que han presentado un ajuste de estatus usando el Formulario I-485. Normalmente, las personas que tienen Visa H-1B están atadas a la empresa que los pidió y no pueden cambiar de trabajo, pero el que tiene esta visa (H-1B) y quiere arreglar su estatus para ser residente legal permanente (LPR), puede cambiar de trabajo o tomar cualquier trabajo que quiera. Los trabajadores con Visa H-1B que están esperando un ajuste de estatus para ser aprobados, comúnmente no podrían cambiar de trabajo, aún cuando se les permitiera hacerlo una vez que se aprobara su ajuste de estatus. Para evitarles los largos períodos de tiempo de procesamiento a estos empleados, se ha adoptado la arriba mencionada regla de los 180 días. La regla permite que esos trabajadores obtengan una Visa H-1B cambiable, para que de ese modo puedan cambiar de empleadores si el USCIS no toma una decisión en cuanto a la solicitud de ajuste de estatus dentro de los 180 días.

En otras palabras, si ha pasado más de 180 días desde el momento en que usted presento el Formulario I-485 y no ha recibido una notificación de aprobación del USCIS, usted puede cambiar de empleo y mantenerse efectivamente en estatus H-1B.

P Estaba trabajando en una empresa de programación y me dejaron cesante porque perdimos un contrato grande. El USCIS me dijo que mi visa ya no es válida y que tengo que salir de EE.UU. Estoy aquí con mi familia (esposa y dos hijos) y volver a nuestro país con tan poco tiempo de anticipación va a ser muy costoso. ¿Hay algo que pueda hacer?

R Sí. Es importante que sepa que su empleador es responsable de pagarle el costo del viaje de retorno a su país, al menos que usted haya llegado a algún otro tipo de arreglo o entendimiento mutuo con la empresa. Contáctese con el departamento de recursos humanos de su empresa para que lo ayuden.

P Estoy llegando al fin de mi estadía de seis años con la Visa H-1B. Durante estos seis años, mi empresa me hizo trabajar mucho fuera del país. ¿Hace alguna diferencia en cuanto al máximo de seis años?

R Sí, puede ser. Usted puede pedirle al USCIS que le devuelva, o que le haga recuperar, los días que no estuvo en los Estados Unidos. Asegúrese de tener los elementos de prueba que demuestran su ausencia, tales como boletos de avión, registros de empleo de su viaje de negocios, compras con tarjeta de crédito fuera de los Estados Unidos, etc. Los días que pueda recuperar se le agregarán a su máximo de seis años.

EMPRESAS EXTRANJERAS

P Mi esposo trabaja como administrador para una empresa japonesa en Tokio. ¿Puede su empresa japonesa mandarle a trabajar a su oficina en San Francisco? ¿Podemos, los niños y yo acompañarle?

R Sí, la empresa para la que su esposo trabaja puede enviarle a los Estados Unidos. De hecho, esa es una de las maneras más fáciles mediante las cuales los trabajadores extranjeros logran venir a trabajar a los Estados Unidos, siempre que se cumplan los requisitos para la Visa L-1. Esos requisitos son:

> que la compañía japonesa tenga la relación apropiada con la compañía en los Estados Unidos;

> que su esposo sea empleado a tiempo completo para la empresa japonesa y que haya estado trabajando por lo menos un año durante los últimos tres años;

> que tanto la empresa estadounidense y la extranjera estén haciendo negocios durante todo el tiempo que su esposo vaya a estar empleado en los Estados Unidos;

> que su esposo venga a los Estados Unidos a trabajar como administrador, ejecutivo, o en una posición que requiera conocimiento especializado;

> que su esposo haya estado trabajando en este tipo de posición para la empresa en Japón; y,

> que su esposo tenga la intención de dejar los Estados Unidos cuando su visa expire.

El poseedor de la Visa L-1 puede traer a su cónyuge y a sus hijos a los Estados Unidos, o el cónyuge y los niños pueden venir más tarde y encontrarse con el poseedor de la visa en los Estados Unidos.

PRealmente me gustaría trabajar en los EE.UU. para adquirir experiencia. Mi empresa tiene un negocio en los EE.UU., pero cuando pregunté si podía trabajar allí, me dijeron que nunca podría obtener una visa. ¿Es cierto?

RNo, no es cierto. Existen visas disponibles para que las empresas extranjeras puedan enviar a sus empleados a trabajar a los Estados Unidos en su sede de EE.UU. Esta visa se llama Visa L-1 para transferencias entre compañías, pero debe existir una relación adecuada entre la empresa extranjera y la que tiene su sede en EE.UU. La ley establece que la empresa de EE.UU. debe ser del mismo empleador o una subsidiaria o afiliada del mismo. El tipo de vínculos comerciales que el USCIS considera y aprueba fácilmente son:

➢ cuando la empresa de EE.UU. es la misma corporación que la empresa extranjera (una sucursal);

➢ cuando una empresa es propietaria de la mayoría de la otra empresa (relación casa matriz-subsidiaria);

➢ cuando una tercera empresa es dueña por mayoría tanto de la empresa de EE.UU. como de la extranjera (empresas afiliadas); y,

➢ cuando la empresa de EE.UU. forma una empresa conjunta entre una empresa extranjera y otra empresa.

P Dentro de un mes, voy a cumplir un año de estar trabajando para una empresa en Suecia. Me quieren enviar a su oficina en Minneapolis. Sé que estas cosas relacionadas con las visas toman tiempo. ¿Puedo solicitar la visa ahora para que pueda tener la visa lista cuando cumpla el año?

R No. Tiene que cumplir el requisito de un año de empleo continuo en el momento que su empresa presenta la solicitud (petición) a su nombre.

P¿Cómo sé en qué categoría me encuentro para una Visa L-1?

RLa categoría en la que usted entra puede ser una pregunta compleja. La ley prevé definiciones, pero hay ciertas categorías sólo que coinciden parcialmente y cada situación es diferente.

En general, usted es administrador si está encargado de la organización o de un departamento; si supervisa el trabajo de otros; si tiene autoridad para contratar y despedir al personal; y, si usted ejercita cierta discreción sobre sus propias actividades diarias.

Usted es considerado ejecutivo si dirige a los administradores de la empresa o a la mayoría; si establece políticas y metas para la organización; si tiene la autoridad de tomar decisiones amplias; y, si recibe supervisión general sólo de la mesa directiva, por ejemplo.

Un trabajador especializado, que para propósitos de esta visa se denomina empleado con conocimiento especializado, debe tener un nivel avanzado de conocimiento o ser experto en el producto, servicio, investigación, etc. de la empresa, y ser miembro de una profesión, por ejemplo, arquitecto, ingeniero, abogado, médico, maestro, etc. Por ejemplo, a una secretaria ejecutiva se le otorgó este estatus, pero a un maestro no. Una descripción detallada de sus responsabilidades y de sus antecedentes es importante para identificar la categoría correcta.

P¿Cuánto tiempo puedo trabajar en los Estados Unidos si mi compañía me transfiere allí?

REl USCIS generalmente le otorga un período inicial de tres años. Después de tres años, usted puede solicitar una extensión para su estadía. Si esa extensión es aprobada, usualmente es por un período de dos años. La estadía máxima (el período inicial más todas las extensiones) es de cinco años para trabajadores con conocimiento especializado y de siete años para administradores y ejecutivos.

PEstoy trabajando en la categoría de conocimiento especializado con una Visa L-1. Tengo que dejar los EE.UU. el año que viene porque se cumplen los cinco años. Si mi empresa me promueve al cargo de administrador. ¿Me puedo quedar siete años?

RSí. Se permiten las promociones dentro de las categorías que califican. Sin embargo, tenga cuidado, porque debe haber recibido la promoción al menos seis meses antes de que se cumplan los cinco años, para que pueda recibir los siete años completos. Su empresa debe pedirle al USCIS que lo apruebe en el momento que le dieron la promoción.

PMi empresa solicitó un traslado de visa a través de la compañía para mí. Fue aprobada, pero sólo se me permitía un año. ¿Por qué? Ahora estoy en los Estados Unidos y el año se está por cumplir. ¿Qué puedo hacer? Mi esposa y yo queremos quedarnos y mi empresa también quiere que me quede.

R El USCIS generalmente otorga un período inicial de tres años, pero también puede otorgar períodos más cortos (y lo hace) en ciertos casos. En su caso, la empresa no aclaró en la solicitud original (llamada petición), que sus servicios podrían necesitarse por al menos tres años. Su empresa debería solicitar una extensión de su estadía inmediatamente usando el Formulario I-129. La solicitud debería ir acompañada de una carta de la compañía que contenga:

➤ su nombre;
➤ el propósito de la carta, es decir, pedido de extensión de estadía;
➤ su título en el trabajo;
➤ una explicación que describa las razones por las que sus servicios se necesitan por un período de tiempo adicional; y,
➤ un pedido de que la solicitud sea aprobada.

P ¿Cuánto tiempo toma obtener una Visa L-1?

R Usted puede obtener su visa en un período tan corto como el de cinco semanas. El proceso en el USCIS generalmente toma de cuatro a seis semanas, aunque, según la ley, la revisión y decisión debería hacerse dentro de los treinta días. Una vez que recibe la aprobación del USCIS y la lleva al consulado de EE.UU. en su país, tiene que darle alrededor de una semana para el proceso consular, si su compañía ha presentado una solicitud general. Si es una solicitud individual (es decir si su empresa ha hecho la solicitud sólo para usted, no para otros en su empresa), el proceso podría tomar más tiempo dependiendo de cuál sea el consulado. Aún aquellos consulados con altos volúmenes de expedientes, procesan la Visas L-1 bastante rápido, a lo sumo dos o tres semanas.

P Mi empresa recibió la aprobación para que yo sea trasladado a nuestra oficina en EE.UU. Recibí la notificación del Centro de Servicios del USCIS en Nebraska, pero la perdí. Sé que la necesito. ¿Qué puedo hacer?

R Obtenga el Formulario I-824 del sitio Web del USCIS en el **http://uscis.gov**. Llene el formulario marcando la casilla en la Parte 2 que dice "Estoy solicitando un duplicado del aviso (notificación) de aprobación." Mande el formulario y el costo del duplicado (actualmente $140) al Centro de Servicio en Nebraska. (Si tuviera una copia de la notificación de aprobación original, debería mandarla con el formulario, para apurar el proceso).

P Mi esposa está solicitando un Documento de Autorización de Empleo basado en el hecho de que soy el administrador de la subsidiaria de mi empresa aquí. ¿Por cuánto tiempo es válido su permiso de trabajo?

R Los Documentos de Autorización de Empleo para esposos(as) de administradores, trabajadores con conocimiento especializado, inversores de tratados o convenios, o comerciantes (poseedores de Visa L-2 y E-1), son válidos por un año. Pueden renovarse mientras el cónyuge, el poseedor principal de la visa, se quede bajo un estatus apropiado.

ADMINISTRANDO SU PROPIO NEGOCIO

PNo me parece justo que los negocios grandes puedan trasladar a sus ejecutivos a los Estados Unidos, pero las pequeñas empresas como la nuestra no puedan. Necesitamos comenzar a hacer más negocios en los Estados Unidos y yo soy el único que lo puedo hacer. Soy mexicano, bien educado, y mi esposa y yo somos propietarios del negocio. No quiero inmigrar a los EE.UU. ¿Puede ayudarnos?

RSí. Tanto las empresas grandes como las pequeñas pueden usar las Visas L-1 para trasladar a sus administradores y ejecutivos a los Estados Unidos. Tanto las compañías grandes como las pequeñas deben cumplir los mismos requisitos para hacerlo. En su caso, los hechos son:

➤ usted es el único accionista de la empresa mexicana, la cual posee 100% de las acciones de la empresa estadounidense;

➤ usted ha estado trabajando como empleado a tiempo completo de la empresa mexicana continuamente por más de seis meses;

➤ usted es, claramente, un ejecutivo de la compañía mexicana, y viene a los Estados Unidos a ser presidente de la subsidiaria estadounidense;

➤ sus títulos universitarios y de la facultad de negocios demuestran que está capacitado para tener una posición ejecutiva;

➤ usted planea volver a México una vez que el negocio esté marchando sobre ruedas; y,

➤ tanto la empresa mexicana como la estadounidense estarán realizando negocios durante todo el tiempo que usted esté en Estados Unidos y es capaz para hacerlo desde un punto de vista financiero.

Por lo tanto, todo lo que necesita hacer es que, ya sea la empresa mexicana o la estadounidense presente el Formulario I-129, el suplemento L, y toda la documentación sustentatoria que este a su favor. Una vez que esté aprobado por el USCIS, usted recibirá el Formulario I-797, el cual deberá llevar al consulado de EE.UU. en la Ciudad de México para obtener su Visa L-1. Su esposa lo puede acompañar con una Visa L-2.

P **Mi familia (mi esposa, mi mamá y yo) tiene una pequeña empresa consultora en Europa. Por muchos años, hemos tenido una subsidiaria en los Estados Unidos que utilizamos para propósitos de impuestos para vender nuestra línea de materiales de entrenamiento. Quise trasladarme a la empresa de EE.UU. para establecer una oficina consultora y que no fuera sólo una oficina de ventas. La solicitud me fue negada. ¿Por qué?**

R Usted debería haber proporcionado suficiente información para convencer al USCIS que la empresa iba a continuar operando mientras usted estuviera manejando la oficina de EE.UU. Debería haber mencionado ese tema en la carta de apoyo referente a la empresa. La carta debería haber demostrado que, debido a la solidez financiera y estructura administrativa de la empresa austriaca, no iba a tener ningún problema en seguir operando, en pagar a su personal, etc. por el período que usted necesitaba estar en los Estados Unidos. También debería haber aclarado que su mamá continuaría teniendo un papel directivo principal en el negocio de Austria mientras usted estuviera en los Estados Unidos. (Este tipo de prueba es mucho más necesaria con los negocios familiares que con las compañías multinacionales.)

Debido a que usted recién fue denegado, puede presentar el Formulario I-290B ante la Unidad Administrativa de Apelaciones del USCIS para tratar de obtener una decisión favorable. Asegúrese de marcar el recuadro que indica que va a proporcionar evidencia y no olvide hacerlo.

P **Soy propietario de una compañía exitosa y he establecido una sucursal en Chicago que cumple con todos los requisitos para que mi hijo sea trasladado allí a comenzar a desarrollarla. Si le hago presidente de la subsidiaria estadounidense, ¿puede solicitar automáticamente la Visa L-1 como administrador o ejecutivo? Si no puede hacerlo, ¿se le puede mandar en otra categoría?**

R No. Usted debe demostrar que las obligaciones de su hijo están dentro de la capacidad de ejecutivo o administrador. En su caso, eso puede ser difícil debido a que su compañía en Chicago es pequeña y recién está comenzando a operar. Una de las cosas que observa el USCIS es el tamaño y la organización estructural de la empresa. El mejor enfoque sería que su hijo hiciera la solicitud como empleado con conocimiento especializado. Esto se hace proporcionando evidencia que el traslado de su hijo a la empresa de EE.UU. está basado en el conocimiento especializado del producto de su empresa, los procedimientos y la operación del negocio; esto se pone en la carta de apoyo de la empresa que acompaña la petición L-1. Desde el 11 de septiembre, el USCIS ha estado siendo cada vez más restrictivo en cuanto a lo que va a aceptar como prueba de conocimiento especializado. Por lo tanto, en su petición, usted va a querer demostrar por qué a un trabajador de EE.UU. no se le puede entrenar y/o enseñar la historia legal del requisito de conocimiento especializado, para que la persona del USCIS que toma la decisión esté consciente de que este requisito no es parte de la ley.

P Soy el propietario y director administrativo de una agencia mediana de publicidad. ¿Puede mi empresa trasladar a mi hija a los Estados Unidos para que administre un nuevo negocio?

R Sí. Los requisitos son los mismos que para todos los traslados entre empresas L-1, pero su empresa debe presentar más evidencia porque usted está comenzando un nuevo negocio. Presente la evidencia en forma de una carta de apoyo adjuntando el Formulario I-129. La evidencia adicional debería incluir lo siguiente:

> ➤ evidencia de que la compañía de EE.UU. tiene espacio físico mostrando, por ejemplo, copia del contrato de alquiler;

> ➤ que su hija ha estado trabajando para una compañía del Reino Unido como administradora y que va a ser administradora en la empresa estadounidense;

> ➤ un plan financiero y prueba de recursos financieros para demostrar que la oficina de EE.UU. va a poder apoyar a su hija (pagarle su salario, etc.) no más de un año después de que la petición haya sido aprobada; y,

> ➤ que la compañía del Reino Unido va a continuar operando durante todo el tiempo que su hija esté en los Estados Unidos.

P¿Qué tipo de documentos necesitará mi negocio familiar para apoyar mi traslado a mi propia empresa en EE.UU.? Me he enterado que es difícil que el USCIS apruebe un traslado si uno tiene ambas compañías. ¿Hay algo que pueda hacer para tener una mejor oportunidad?

RComo con cualquier solicitud (petición) para un traslado entre empresas, usted debe tener los documentos de su compañía extranjera, su compañía de EE.UU. y sobre usted como empleado. Cuanto más detallada sea la documentación sobre su compañía extranjera y su compañía de EE.UU., más sólida será su solicitud, Una muestra de los documentos que generalmente le pedimos a los clientes que obtengan son:

➤ certificados de incorporación;

➤ permisos de negocios;

➤ informes anuales;

➤ organigramas detallados de la organización;

➤ muestras de los contratos y facturas mostrando pedidos grandes;

➤ referencias de intercambio de negocios;

➤ publicidad recibida;

➤ estados financieros recientes; y,

➤ declaración fiscal (declaración tributaria, impositiva o de sus rentas).

Asimismo, para la compañía de EE.UU., usted debe tener una declaración demostrando los salarios del empleado.
Como empleado debe tener:

➤ una descripción de su trabajo y de sus obligaciones en la compañía extranjera;

➤ un currículum vitae;

➤ una descripción de su trabajo y de sus obligaciones en la compañía de EE.UU.;

➤ cualquier premio o publicidad que usted haya recibido;

➤ su pasaporte;

➤ su certificado de nacimiento; y,

➤ su registro de llegada en el Formulario I-94 si usted ya está en los Estados Unidos.

No necesitará presentar todos estos documentos con la petición, pero necesitará la información para completar el formulario I-129 y escribir una carta firmada por la compañía para apoyar la petición.

Usted no va necesitar presentar todos estos documentos con la petición. Además del tipo de evidencia y de los documentos requeridos para apoyar cada petición L-1, los propietarios que se están trasladando pueden fortalecer su caso presentando evidencia de que existen lazos fuertes con su país natal y de que existe una intención clara de volver cuando haya finalizado la asignación. Evidencia de grandes propiedades de terrenos u otras inversiones en su país, una casa que usted mantenga, lazos familiares fuertes, etc., son ejemplos que han ayudado a otros en su situación para que se le aprueben sus peticiones.

P Estoy en los Estados Unidos administrando la sucursal estadounidense de mi negocio familiar. Mi esposa quisiera venir a ayudarme en la oficina. ¿Puedo contratarla?

R Sí. Usted está en los Estados Unidos como empleado trasladado dentro de la compañía, aún cuando el traslado haya sido dentro de su propia empresa familiar. Esto significa que usted tiene la misma Visa L-1 que cualquier otro administrador.

Una de las ventajas de esta visa es, que su esposa, como poseedora de la Visa L-2, puede trabajar. Puede trabajar para su empresa o para cualquier otra empresa. Ella podría presentar el Formulario I-875 con el Centro de Servicio del USCIS responsable de su área para obtener su Documento de Autorización de Empleo. Para anticiparle su próxima pregunta, desafortunadamente, sus hijos no califican para este permiso de trabajo y su empresa de EE.UU. no puede contratarles.

P **Mi esposo es propietario, en parte, de una compañía que tiene muchos negocios en los Estados Unidos. Nos gustaría pasar algunos años en los Estados Unidos para que nuestros niños puedan tener la experiencia de ir a la escuela allí. ¿Podemos obtener una visa para eso?**

R Sí. La compañía de su esposo puede mandarle a los Estados Unidos como lo que se denomina tratado comercial. Esta visa, llamada Visa E-1, es una visa que permite que las compañías que hacen una cantidad sustancial de negocios con los Estados Unidos, envíen a empleados a trabajar a los Estados Unidos. Los requisitos para esta visa son que:

➤ debe existir el pacto (tratado) apropiado entre su país y los Estados Unidos;

➤ los propietarios de la empresa deben haber nacido en su país;

➤ el empleado que se mande a los Estados Unidos debe ser ciudadano de su país;

➤ la empresa debe estar comprometida con una cantidad sustancial de negocios entre su país y los Estados Unidos;

➤ el intercambio debe ser principalmente entre los Estados Unidos y su país; y,

➤ el empleado que se envíe a los Estados Unidos debe trabajar allí como ejecutivo, administrador o empleado sumamente calificado.

Si la compañía de su esposo cumple todos los requisitos, usted y sus hijos pueden recibir visas para venir con su esposo.

PTenemos un pequeño negocio familiar en Italia y estamos haciendo negocios con los Estados Unidos. Nuestro hijo trabaja para nosotros. ¿Podemos mandarle a trabajar para nosotros a los Estados Unidos?

RQuizás. Su hijo podría calificar para una visa de tratado comercial para trabajar para su compañía en una posición administrativa en los Estados Unidos, si Italia tiene el convenio apropiado con los Estados Unidos y, en su empresa todos sus familiares propietarios son ciudadanos italianos. El único problema en su caso, que debe ser explicado de una mejor manera a USCIS, es a qué le llama usted una pequeña empresa. Para que su hijo reciba una Visa E-1, usted tendría que probar que su empresa está efectuando bastantes negocios con los Estados Unidos. El oficial consular mirará el volumen de negocios, el número de transacciones y el curso continuo de intercambio para determinar si los negocios que usted hace con los Estados Unidos son sustanciales. Por ejemplo, una venta a los Estados Unidos de $1 millón de dólares no sería considerada sustancial porque es una venta de una sola ocasión y no es continua, pero una cantidad menor podría considerarse sustancial si las ventas son regulares y continuas durante todos los años. También debe estar preparado para demostrar que su negocio con los Estados Unidos es más del 50% del intercambio comercial internacional de la empresa.

P Mi hijo está trabajando para la empresa de mi tío en EE.UU. Es un buen trabajo, pero él quisiera obtener otro tipo de experiencia. ¿Podría cambiar de trabajo?

R No. Su tío pidió a su hijo para que vaya a los Estados Unidos con una Visa E-1 porque la empresa de su tío tiene muchos negocios en los Estados Unidos. La Visa E-1 tiene muchas ventajas, pero una desventaja—el poseedor de la Visa E-1 no puede cambiar de trabajo. De hecho, si algo pasara que cambiara la base que se usó para calificarle, por ejemplo, si su tío dejara de hacer negocios en los Estados Unidos, su hijo perdería su estatus migratorio y tendría que volverse a su país. Si su hijo realmente quiere cambiar de trabajo, él tendrá que encontrar una manera de calificar para otro tipo de visa de trabajo temporal, como por ejemplo, encontrar otra empresa estadounidense que le ofrezca trabajo y que haga la petición necesaria para conseguirle una visa de trabajo.

P La empresa para la que trabajo en Irlanda quiere enviarme a trabajar a los Estados Unidos porque tenemos muchos negocios allí. La empresa me dijo que tengo que ser irlandés para obtener la visa. Está bien, porque sí soy irlandés, pero quiero llevar a mi esposa conmigo y ella no es irlandesa. ¿Puedo obtener una visa para ella?

R Sí. La visa que usted le corresponde es una visa de trabajo temporal E-1, la cual requiere que usted tenga la nacionalidad del país para el cual su empresa califica bajo el convenio apropiado, en su caso, debe ser irlandés; pero su esposa e hijos pueden ser de cualquier otra nacionalidad y pueden ir con usted.

P Mi empresa en la Ciudad de México quiere enviarme a los Estados Unidos para administrar nuestro negocio allí. Tengo entendido que existe más de una visa posible para esto. ¿Cuál visa sería la mejor para mí?

R Su empresa en México lleva a cabo bastantes negocios en los Estados Unidos y también tiene una sucursal aquí. Sin entrar en detalles, eso significa que su empresa puede hacerle la petición a usted para una Visa E-1 de convenio comercial para trabajar temporalmente o, para una Visa L-1 de traslado entre empresas para trabajo temporal. Dependerá de sus planes el saber cuál será mejor para usted. La Visa E-1 puede ser renovada indefinidamente mientras usted y su empresa mantengan el mismo estatus. La Visa L-1 tiene un límite para una estadía máxima de cinco a siete años, dependiendo del trabajo que esté haciendo para su empresa.

P Mi empresa me envió a Boston con una Visa E-1. Mi esposa vino conmigo a Boston. ¿Puede trabajar?

R Sí. Se ha aprobado una nueva ley a principios del 2002 que permite trabajar a las esposas o cónyuges de los poseedores de Visa E-1. A diferencia de usted, ella no está limitada a trabajar para la compañía que le auspició su petición.

PSoy propietario de una agencia de importación y exportación y estoy en los Estados Unidos con una Visa E-1. Me acabo de dar cuenta de que está por expirar. ¿Debo volver a mi país para renovarla?

RNo. La Oficina de Visas del Departamento de Estado la renovará, o como ellos le llaman, le revalidarán su visa. Hay algunas excepciones. Sólo puede renovarla si está dentro de los sesenta días de expiración. No puede renovar la Visa E-1 o E-2 en la Oficina de Visas si usted es de Cuba, Irán, Irak, Libia, Corea del Norte, Sudán o Siria. En estos casos, usted debe renovar su visa en un consulado de EE.UU. fuera del país. También, la revalidación no es automática. Cuando usted somete su Visa E-1 o E-2 a la Oficina de Visas para que sea revalidada, debe llenar un nuevo Formulario DS-156 de Solicitud para Visa de No-Inmigrante y otros documentos sustentatorios. Si su solicitud no cumple los requisitos de la Oficina de Visas, o si algo ha cambiado que hace que su solicitud no sea claramente aprobada, se le pedirá que presente una nueva solicitud para visa en un consulado fuera de los Estados Unidos.

PROGRAMAS DE ENSEÑANZA, INVESTIGACIÓN, ESCUELA, Y ENTRENAMIENTO

PNuestro hijo está interesado en estudiar en los Estados Unidos. ¿Qué opciones tiene?

RHay muchas opciones accesibles para su hijo. Hay visas disponibles para que los estudiantes estudien en colegios, universidades, seminarios, conservatorios, escuelas secundarias, primarias, escuelas de lenguas, vocacionales y programas de vuelo de aviación. Si su hijo aspira obtener un título formal, puede solicitar una visa de estudiante (Visa F). Si quiere seguir algo menos que un grado formal o un curso práctico de estudio, puede solicitar una visa de visitante de intercambio (Visa J). Si estuviera asistiendo a una escuela vocacional, podría solicitar la visa de estudiante vocacional (Visa M).

En cada caso, su hijo debe cumplir ciertos requisitos. Para empezar, estas son visas de no-inmigrante temporales así que su hijo debe tener la intención de regresar a su país después de completar su curso de estudio. Asimismo, su hijo debe demostrar que posee suficientes recursos financieros para poder mantenerse durante el curso de sus estudios, aunque a veces es posible suplir su entrada trabajando. Finalmente, todas estas visas requieren un patrocinador. (En la mayoría de los casos, el patrocinador va a ser la escuela a la que su hijo vaya a asistir).

P**Nuestra hija ha recibido una oferta para hacer unas prácticas de verano en una empresa de EE.UU. ¿Qué tiene que hacer para aprovechar esta oportunidad?**

RSu hija puede solicitar una visa de visitante de intercambio (J-1). Debe hacerlo en un consulado de EE.UU. fuera de los Estados Unidos. Los pasos básicos para el proceso son:
> ➢ la compañía, que es la patrocinadora del Programa de

Visitante de Intercambio, solicita la aprobación al Departamento de Estado de EE.UU. (DOS) para el programa específico de entrenamiento de su hija;

➤ cuando está aprobada, el DOS emite un Certificado de Elegibilidad, le envía una copia a su hija y, generalmente, notifica al consulado de EE.UU.;

➤ su hija llena el Formulario DS-156, el formulario común de visa de no-inmigrante; y,

➤ su hija lleva ese Formulario DS-156, al consulado de EE.UU. junto con el Certificado de Elegibilidad, su pasaporte, una fotografía, así como el costo indicado (los pagos por este servicio pueden variar dependiendo de la nacionalidad; así que consulte con el consulado de EE.UU. para averiguar cuánto es el pago que debe hacer).

El oficial consular le revisará los documentos y entrevistará a su hija y después le estampará la Visa J-1 en su pasaporte, lo cual le permitirá participar oficialmente en el programa de entrenamiento y recibir un estipendio de la empresa estadounidense.

PNuestro hijo ha estado en contacto con una empresa en California y quisiera trabajar allí en el verano para obtener un entrenamiento especial en tecnología médica y diseño de equipo. La compañía quiere contratarlo e inclusive, le puede pagar, pero le han dicho que no lo pueden patrocinar. ¿Tiene algunas opciones?

RSí. La empresa probablemente no está en la lista del Departamento de Estado de EE.UU. de Programas Aprobados de Intercambio de Visitantes. Éste es un requisito para el tipo de visa que su hijo necesita para entrenarse y recibir el pago en los Estados Unidos. La compañía tiene dos alternativas si quiere ayudar a que su hijo obtenga su visa. Una es que la empresa sea aprobada como patrocinadora del Programa de Intercambio de Visitantes.

La otra alternativa es que la compañía patrocine a su hijo a través de un programa de protección que arregla los traslados para visitantes de intercambio para entrenamientos prácticos con diferentes empleadores. Dos organizaciones que han obtenido las aprobaciones necesarias del Departamento de Estado son el Consejo Norteamericano sobre Personal Internacional (202-371-6789) y la Asociación para Entrenamiento Práctico Internacional, Inc. (410-997-2200). Puede también llamar a la cámara de comercio en el país donde usted vive porque, a veces, las sucursales estadounidenses obtienen aprobación para servir como patrocinadores del programa.

P Yo enseño en un colegio en Austria y se me ha ofrecido la oportunidad de enseñar por un año (quizás más) en una universidad en Minnesota. ¿Puedo llevar a mi familia conmigo?

R Sí. Usted vendría a los Estados Unidos con una visa de visitante de intercambio (J-1). Esa visa permite que usted traiga a su esposa e hijos con Visas J-2. La Visa J-1 para profesor universitario le permite a usted quedarse hasta tres años en esa universidad de EE.UU.

PMi esposa ha estado estudiando en la Universidad de Illinois y ha terminado su doctorado. A ella le gustaría obtener algo de experiencia en su campo de estudio. ¿Tiene que hacer eso en la Universidad de Illinois porque ellos le auspiciaron la Visa J-1?

RNo. Ella es elegible para recibir hasta tres años de entrenamiento práctico pertinente. El entrenamiento no tiene que ser con su patrocinador original (la Universidad de Illinois). Los participantes del Programa de Entrenamiento Práctico no tienen que obtener aprobación del USCIS o del Departamento de Estado. Simplemente necesitan una carta de aprobación de un oficial designado del programa de intercambio, que la presentan junto con su solicitud al Programa de Entrenamiento Práctico.

PMi esposa ha finalizado su residencia médica y el hospital quiere que trabaje allí como doctora del personal del hospital. ¿Puede quedarse en los Estados Unidos para eso?

RNo. A ciertas clases de visitantes de intercambio se les requiere volver al país de su última residencia por un período de dos años después que termina su estatus de visitante de intercambio. Durante este período de dos años, estos individuos no son elegibles para solicitar estatus de empleo ni estatus inmigratorio en los Estados Unidos. La llamada regla de los 2 años es pertinente para:

> ➤ individuos que obtienen su estatus de visitante de intercambio financiado por el gobierno (ya sea el gobierno de su país o de los EE.UU.);

➤ individuos que están entrenados en una especialidad ocupacional la cual escasea en su país; e,

➤ individuos que han recibido entrenamiento médico en Estados Unidos como internos o residentes.

Su esposa hizo su residencia médica en los Estados Unidos y, por lo tanto, está automáticamente sujeta a la regla de los 2 años. (Usted podría obtener una excención a la regla de los 2 años si pudiera demostrar que el trabajo que se le ha ofrecido es como médico(a) en un centro de salud que sirve a un área donde escasean los profesionales médicos.)

P Cuando mi esposa y yo vinimos a los Estados Unidos, mi esposa era la principal poseedora de la visa y yo figuraba como su dependiente. Ahora estamos al fin de la estadía de nuestra visa y ella quiere volver a nuestro país. ¿Puedo solicitar una excención a la regla de los 2 años y quedarme en los Estados Unidos?

R No. El cónyuge acompañante o los hijos de un visitante de intercambio no pueden presentar una petición de excención independiente.

P Mi esposo ha estado enseñando en California bajo el programa auspiciado por nuestro gobierno. Se cumplieron sus tres años y ahora nos dijeron que tenemos que volver a nuestro país de origen. Nos gustaría quedarnos para que nuestros hijos puedan completar la escuela. ¿Hay alguna forma de hacer esto? Hemos averiguado si

podemos conseguir una excención de la regla de los 2 años, pero no creo que califiquemos.

Usted tiene opciones. La regla de los 2 años está diseñada para prevenir que los visitantes de intercambio que fueron auspiciados por programas gubernamentales no cambien a una visa de trabajo (Visas H o L) ni ajusten su estatus a residencia permanente hasta que hayan pasado dos años en su país de origen. Sin embargo, la regla de los 2 años no le previene cambiar a otra categoría de visa. Por ejemplo, usted puede retornar a su país y volver inmediatamente a los Estados Unidos con una visa de visitante B-1. Alternativamente, y una idea más realista para usted, sería obtener estatus de estudiante (Visa F-1) o, si su empleador quiere patrocinarlo, conseguir una visa para profesionales de educación con habilidad extraordinaria (Visa O-1). La ventaja para usted con las Visas F-1 u O-1 es que no tiene que solicitarlas desde su país. Aunque tiene que solicitar estas visas fuera de los Estados Unidos, puede hacerlo en un consulado de EE.UU. en Canadá o México.

Nuestro hijo está asistiendo a un programa educacional de dos años como Visitante de Intercambio en una universidad estatal en Michigan. ¿Puede trabajar?

Sí, existen dos maneras posibles de que trabaje mientras está completando su programa de educación. Una es que reciba un estipendio por entrenamiento académico que esté directamente relacionado con su campo principal de estudio. La otra es que reciba empleo dentro de la universidad. Esto sólo es posible cuando se permite bajo los términos del programa de visitante de intercambio en el que esté su hijo, y si él cumple ciertos otros requisitos (por ejemplo, gozar de una buena posición académica, limites en el número de horas que trabaje, etc.).

PNuestro hijo está en una escuela de entrenamiento de vuelo en Florida. Él acaba de enterarse que la escuela ya no va a aceptar estudiantes extranjeros. ¿Qué puede hacer?

RSu hijo debería encontrar inmediatamente una nueva escuela de vuelo que sea aprobada por el SEVIS y matricularse en esa escuela no más tarde que el próximo semestre, trimestre u otro término académico. SEVIS quiere decir Sistema de Información para Visitantes de Intercambio Estudiantil. El SEVIS es un sistema basado en el Internet que proporciona al gobierno, instituciones educacionales y programas de intercambio la posibilidad de compartir e intercambiar información acerca de estudiantes extranjeros y visitantes de intercambio. El SEVIS se refiere a los estudiantes vocacionales (Visas M), así como a los estudiantes académicos (Visas F) y a Programas de Visitantes de Intercambio (Visas J).

TRABAJADORES DOMÉSTICOS Y AGRÍCOLAS

PUn agricultor de frutas en el sur de California quiere contratarme a mí y a algunos de mis amigos para recoger fruta en la próxima estación. ¿Eso es legal?

RSí, siempre y cuando el agricultor siga los procedimientos correctos. El agricultor debe obtener dos copias del Formulario de solicitud ETA-750 del Departamento del Trabajo, y presentar una copia con la oficina regional del Departamento del Trabajo y la otra con la agencia de servicio de empleo del estado en el cual se busca trabajo. El Departamento del Trabajo ahora ofrece un nuevo proceso de aplicación en línea (por Internet) para el Formulario ETA-750 para obtener la visa H-2A. Vea el sitio Web del Departamento del Trabajo en **www.h2a.doleta.gov**. La solicitud debe presentarse al menos sesenta días antes de comenzar a trabajar y debe ser aprobada por el Departamento del Trabajo veinte días antes de la fecha en que comienza el empleo. Si la solicitud es aprobada, el empleador pagara un honorario base de $100, más $10 por cada posición certificada, hasta un máximo de $1.000.

P¿Puedo llevar a mi esposa y mis hijos conmigo si voy a trabajar en una granja en los Estados Unidos?

RSí. La ley de inmigración de EE.UU. permite que usted traiga a su esposa e hijos menores si viene a los Estados Unidos con una Visa H-2A para trabajar temporalmente en una granja.

111

P¿Qué puedo hacer si quiero obtener un trabajo como trabajador(a) doméstico(a) o agrícola?

RGeneralmente sólo tiene que llevar todos los papeles que recibe de su futuro empleador(a) y del USCIS y solicitar una visa de no-inmigrante al consulado de EE.UU. en su país. Hace esto como cualquier otro no-inmigrante con el Formulario DS-156, que es la Solicitud para Visa de No-Inmigrante.

PPuede ser que tenga la oportunidad de trabajar en una granja en los Estados Unidos. ¿Puede el granjero pagarme lo que él quiera?

RNo. Si usted obtiene una visa de trabajo de granja temporal, (una Visa H-2A), el agricultor debe pagarle a usted, al menos, tanto como le ofreció a los trabajadores estadounidenses por el mismo trabajo. Eso parece fácil, pero en la práctica, eso ha sido interpretado como que el granjero le debe pagar más por:

➤ el salario actual de la industria en el pertinente mercado de trabajo;

➤ el salario mínimo estatal o federal; o,

➤ el efecto adverso del valor del sueldo (AEWR), lo cual es básicamente el salario promedio por hora del año pasado para trabajadores de ganado y agrícolas determinado por el Departamento de Agricultura.

PAcabo de obtener un trabajo recogiendo fruta en el sur de Illinois. Voy a salir para Illinois el mes que viene. Tengo entendido que voy a vivir en un campamento en la granja. ¿Tengo que pagar eso?

RNo. Si su empleador lo está trayendo a los Estados Unidos con una Visa H-2A como trabajador agricultor temporal, debe proporcionarle albergue, excepto que usted sea un trabajador que viaja al trabajo de ida y vuelta diariamente. El granjero debe también proveerle transporte del campamento a su lugar de trabajo, tres comidas al día o facilitarle viandas que estén disponibles, cualquier herramienta que necesite para hacer su trabajo y un seguro que cubra la compensación para trabajadores.

P¿Cómo puedo obtener una visa como empleada doméstica? He trabajado para familias norteamericanas y para otras familias extranjeras y me gustaría hacerlo en los Estados Unidos.

RDebe encontrar una familia que le patrocine. Entonces, la familia presentará una petición a su favor ante el USCIS. También necesitarán obtener una certificación de trabajo del Departamento de Trabajo para probar que no hay suficientes trabajadores estadounidenses en esa región que hagan ese tipo de trabajo. Una vez que la petición sea aprobada, usted solicita la Visa H-2B de no-inmigrante en el consulado de EE.UU. en su país.

PTengo trabajo como empleada doméstica. Estoy en Norteamérica con una Visa H-2A. ¿Cuánto tiempo me puedo quedar?

RLa Visa H-2B es válida, generalmente, por un año. Puede ser que obtenga extensiones de un año hasta un máximo de tres años.

4.

Inmigración Basada en el Empleo

Casi todos saben que si se casan con un(a) ciudadano(a) de EE.UU. o tienen un familiar en los Estados Unidos, tienen la oportunidad de obtener una Tarjeta de Residencia. Sin embargo, existen otras formas de inmigrar a los Estados Unidos. El "Acta de Inmigración y Nacionalización" proporciona un mínimo de 140.000 visas anuales para individuos que califican basándose en su trabajo o en sus actividades profesionales.

Las visas de inmigrantes basadas en el empleo están disponibles para una gran variedad de personas. La ley expone cinco categorías de individuos que pueden recibir estas visas. Cada categoría se llama "preferencia" porque, si usted tiene un trabajo o se involucra en las actividades de esa categoría, tiene preferencia sobre algunos otros solicitantes para inmigrar a los Estados Unidos.

La primera preferencia es para personas con habilidades extraordinarias en las artes, ciencias, negocios, educación o atletismo, así también como profesores e investigadores y administradores de negocios multinacionales. La segunda preferencia es para profesionales que poseen títulos académicos avanzados y personas de habilidad excepcional en las artes, ciencias o negocios. La tercera preferencia es para trabajadores especializados y profesionales que poseen por lo menos una licenciatura. La cuarta preferencia es para trabajadores religiosos y ciertos otros inmigrantes especiales. La quinta preferencia es para inversores que crean trabajos en los Estados Unidos.

Aunque no todas, la mayoría de estas visas requiere un patrocinador. El patrocinador, es generalmente, la empresa, universidad, o institución para la cual usted está o va a estar trabajando. El proceso de recibir una de estas visas es complicado, pero, si usted y su patrocinador(a) califican, existen muy buenas posibilidades de que usted obtenga la visa. A menudo, no existe un tiempo de espera para estas visas, como lo hay para las visas basadas en la situación familiar.

TRABAJAR PERMANENTEMENTE EN LOS ESTADOS UNIDOS

P He estado trabajando para una empresa de EE.UU. cerca de tres años con una visa temporal. Me entere que es posible que la empresa me auspicie para la Tarjeta de Residencia. ¿Cómo funciona esto?

R Si usted tiene las calificaciones necesarias, su empleo puede formar la base para que obtenga una Tarjeta de Residencia. Su empleador tendrá que hacer una petición a su nombre, enviando el Formulario I-140, Petición de Inmigrante para Trabajador Extranjero al USCIS. La petición debe demostrar que usted es, o un empleado de habilidad extraordinaria, un administrador o ejecutivo, un profesional, o alguien que tiene una habilidad excepcional. Si esta solicitud es aprobada, usted tiene que solicitar una visa de inmigrante en el consulado de EE.UU. en su país. Si ya está en los Estados Unidos, puede solicitar un ajuste de estado inmigratorio usando el Formulario I-485.

PHe estado trabajando para mi empresa en los Estados Unidos con una Visa H-1B en una capacidad muy especializada de investigación industrial. ¿Puede mi empresa auspiciarme para obtener una Tarjeta de Residencia?

RSí, su empresa podrá utilizar sus antecedentes educacionales y su habilidad excepcional como evidencia para apoyar una petición para auspiciarle.

P¿Qué tipo de evidencia necesitamos yo o mi compañía para obtener una visa de inmigrante como alguien con una habilidad excepcional?

RSu compañía tiene que obtener una Certificación de Empleo Permanente para su empleo para demostrar que, básicamente, existe una escasez de trabajadores estadounidenses que pueden hacer lo que usted hace y por lo tanto su presencia en los Estados Unidos beneficiará la economía estadounidense. Usted tendrá que proporcionar evidencia de su nivel educativo para demostrar que usted posee al menos el equivalente de un título de licenciatura de EE.UU. Usted también tiene que demostrar su habilidad excepcional demostrando que tiene al menos diez años de experiencia en su área de especialización, que tiene las licencias y calificaciones correspondientes, que ha devengado un sueldo alto por su trabajo y que ha recibido un cierto grado de reconocimiento por sus logros en su campo.

P ¿Qué es PERM?

R PERM se refiere al nuevo procedimiento para obtener la Certificación de Empleo Permanente del Departamento del Trabajo. Éste es el primer paso para obtener la mayoría de las visas de inmigración basadas en empleos. El PERM hace que el procedimiento sea más fácil y expedito para que los empleadores obtengan una certificación laboral, pero el procedimiento, a su vez, requiere que los empleadores inviertan una mayor cantidad de tiempo, previo, para llevar a cabo el proceso de reclutamiento correspondiente y documentar las razones por las cuales no pueden hallarse trabajadores estadounidenses para la posición ofrecida. Los empleadores pueden preparar y presentar las solicitudes por Internet en **www.doleta.gov**.

P ¿Puede mi empleador del exterior auspiciarme para una Tarjeta de Residencia en los Estados Unidos?

R Sí, siempre que tenga una sucursal o filial en los Estados Unidos y que usted venga a los Estados Unidos para trabajar en una capacidad administrativa o ejecutiva para esa misma compañía. También debe haber estado empleado por esa empresa extranjera a tiempo completo por al menos un año durante el período de tres años antes de entrar a los Estados Unidos. En la práctica, las normas para esta visa son bastante exigentes. Uno, generalmente, debe ser ejecutivo de una gran compañía multinacional para calificar, pero existen muchos ejemplos de ejecutivos

de compañías más pequeñas que han recibido esta visa, así que debería analizar su propia situación personal detalladamente para ver si podría cumplir con los requisitos.

PHe estado trabajando con una Visa H-1B. Mi empresa recientemente presentó a mi nombre el Formulario I-140, Petición de Inmigrante para Trabajador Extranjero. He oído decir algo acerca de las peticiones concurrentes. ¿Qué es eso?

RLo que usted escuchó se refiere a la capacidad de los beneficiarios de peticiones de inmigración (es decir, usted como la persona que está obteniendo la visa) de presentar el Formulario I-485, Petición para Solicitar Residencia Permanente o de Ajustar su Estado al mismo tiempo. La regla se aplica a su situación y a todas las visas basadas en empleos—EB-1 (personas extraordinarias), EB-2 (personas profesionales) y EB-3 (trabajadores expertos).

P¿Qué ventajas tiene el presentar peticiones concurrentes de los Formularios I-140, Petición de Inmigrante para Trabajador Extranjero e I-485, Petición para Solicitar Residencia Permanente o Ajuste de Estado?

RUna petición concurrente puede tener muchos beneficios, dependiendo de su visa actual y de su estado familiar incluyendo el que exista(n):

➤ posiblemente, un proceso global más corto para recibir la Tarjeta de Residencia;

> permisos provisionales de trabajo y beneficios de permiso de viaje (palabra anticipada o anticipo bajo palabra) disponibles para cada miembro de su familia;

> la posibilidad de mantenerlo a usted en un estado migratorio basado en la presentación de su Formulario I-485 si su estatus de su visa temporal expirase pronto; y,

> el alivio de una obligación de mantener o renovar el estado temporal de la visa, tal como la clasificación H-1B o L.

P **Si cambio de trabajo antes de que el USCIS apruebe mi ajuste de estado, ¿puede mi nuevo empleador, entonces, patrocinarme para la visa de inmigrante?**

R No. Mientras su trabajo esté en el mismo estado ocupacional, o similar, usted puede ajustar su estado inmigratorio usando el Formulario I-485 existente.

P **¿Cómo puedo estar seguro de que mi experiencia y mi título del exterior van a ser reconocidos por el USCIS en mi petición?**

R Normalmente, si usted sigue las instrucciones del Formulario I-140, Petición de Inmigrante para Trabajador Extranjero, e incluye los documentos recomendados, tales como su récord académico de la universidad y cartas de su empresa, su título y experiencia van a ser reconocidos. Si alguno de estos documentos está en otra lengua que no es el inglés, tendrá que proporcionar traducciones. Existen varios servicios comerciales que le traducirán los documentos y le prepararán evaluaciones de credenciales extranjeras para demostrar equivalencias educacionales. Uno de esos servicios es el Servicio de Traducción y Evaluación Norteamericano y está en el Internet en el **www.aetsinternational.com**.

EN CUANTO A INVERSIONES O NEGOCIOS FAMILIARES

P¿Qué es la visa de $1.000.000 de dólares?

RLo que usted refiere como la visa del millón de dólares es en realidad una visa de inmigración disponible para individuos que invierten dinero y crean trabajos en los Estados Unidos. Uno de los requisitos de la visa es que la inversión debe ser de $1.000.000 de dólares invertido en un negocio que califique por un período de dos años. Hay excepciones para invertir en un área rural o en otra zona donde haya mucho desempleo. Si la inversión se hace en una de estas áreas, la cantidad requerida se reduce a $500.000 dólares.

PMi familia y yo hemos decidido que nuestro futuro yace en Norteamérica y estamos dispuestos a invertir todo nuestro dinero para que este sueño se cumpla. ¿Cómo hacemos para conseguir una visa de inversor?

REl proceso comienza cuando usted identifica una inversión con la firma comercial apropiada. Esto puede ser un negocio nuevo, original, o un negocio ya existente en el cual su inversión va a resultar en reestructurar un nuevo negocio o un negocio ya existente que aumentará por lo menos 140% de su inversión. Entonces debe demostrar que está en el proceso activo de invertir al menos $1 millón de dólares en el negocio (ó $500.000 si usted está localizado en una zona rural o con alto desempleo). Finalmente, usted debe demostrar que el negocio creará al menos diez trabajos de tiempo completo para individuos calificados en el período de dos años. Si el negocio tiene problemas o conflictos, usted debe mantener el número de empleados existentes al mismo nivel por al menos dos años. También debe demostrar que usted se va a ocupar en dirigir el negocio, ya sea como administrador, oficial corporativo, o director.

Una vez que esté preparado para cumplir estos requisitos, usted llenará el Formulario I-526 y la enviará al centro de servicio de USCIS responsable por la zona donde vaya a ubicar el negocio. Una vez que la petición sea aprobada, usted puede obtener un estatus de residencia condicional al presentar el Formulario I-485 de Ajuste de Estatus, si ya está legalmente presente en los Estados Unidos, o solicitando la visa de inmigrante apropiada en el consulado de EE.UU. en su país de origen. Entonces se puede mudar a los Estados Unidos.

P¿Recibiré automáticamente una Tarjeta de Residencia si invierto $1 millón de dólares en los Estados Unidos?

R No. Primero usted obtiene una visa de inmigrante que le otorga un estatus de residente. Después de dos años bajo este estatus, puede solicitar una Tarjeta de Residencia retirando las condiciones vinculadas con su residencia y volviéndose residente extranjero permanente. Esto se hace presentando el Formulario I-829, Petición de Empresario para Prescindir de Condiciones. En esta petición, usted debe demostrar que ha establecido el negocio que dijo que iba a establecer.

P ¿Cómo podemos probar que hemos cumplido con las condiciones de nuestra inversión para poder obtener nuestra Tarjeta de Residencia?

R Cuando usted presenta el Formulario I-829, Petición de Empresario para Prescindir de Condiciones, debe proporcionar cinco tipos de evidencia:

➤ evidencia de que ha comenzado su negocio (por ejemplo, su licencia de negocios o su escritura de constitución, lo que en el Inglés se denomina "Articles of Incorporación");

➤ evidencia de que en realidad ha transferido la cantidad de capital requerido al negocio;

➤ evidencia de que el capital invertido se obtuvo de forma legal (como devolución de impuestos);

➤ evidencia de que se van a crear diez trabajos a tiempo completo (como registros de los impuestos o nómina u hoja de sueldos); y,

➤ evidencia de que usted está activamente dedicado a la administración del negocio (por ejemplo, que se le mencione como oficial corporativo en los registros de la corporación).

PMi familia consiste de mi esposa, mis dos hijas, de 15 y 18 años, y mi hijo, de 20 años que está casado. Estamos comenzando un nuevo negocio en Carolina del Sur con una inversión de $1.000.000 de dólares. Queremos inmigrar a los EE.UU. como familia. ¿Podemos?

RNo. No todos ustedes. La visa inmigratoria de creación de empleo EB-5, le permite que su esposa y sus hijos solteros le acompañen. Su hijo está casado; por lo tanto, no califica bajo esta visa.

PSomos parte de una gran familia en nuestro país con un negocio muy exitoso. Estamos pensando inmigrar a los Estados Unidos y comenzar un negocio allí. ¿Qué pasaría si el negocio que pensamos abrir no tiene éxito?

RCuando usted viene a los Estados Unidos con una visa de inversionista—visa inmigratoria de creación de empleo EB-5—estó lo otorga un estatus de residente condicional por dos años. Para que usted obtenga la Tarjeta de Residencia al final de esos dos años, debe demostrar que su negocio está funcionando y que tiene empleadas a suficientes personas. Si no puede probar esto, va a tener que irse o encontrar otro sustento para su estatus de inmigrante.

El problema, en potencia, que usted podría tener es que, durante el tiempo que está en los Estados Unidos como residente condicional, usted es responsable de pagar los impuestos de EE.UU. según su ingreso global, lo cual incluye todo el ingreso de sus inversiones en su país de origen y en cualquier otra parte del mundo. Esto significa que, si su negocio en los EE.UU. no tiene éxito, no sólo sería un fracaso comercial, sino que, potencialmente, hubiera estado dos años pagando impuestos y, al final, tampoco recibiría la Tarjeta de Residencia.

PMi esposo y yo obtuvimos la Tarjeta de Residencia hace cuatro años y ahora hemos comenzado nuestro propio negocio en programación (software). Mi esposo quiere contratar a su hermano, que todavía está en nuestro país de origen, como principal ejecutivo de desarrollo de software, y también conseguirle una Tarjeta de Residencia. ¿Puede hacer eso?

RSí. El hermano de su esposo puede calificar para una visa de inmigrante basado en sus magníficas credenciales académicas y en su experiencia en la industria médica de software. Ésta sería una visa de inmigrante sobre la base de un empleo y requeriría que el hermano de su esposo tenga una oferta de trabajo y una certificación laboral. Otro requisito bastante nuevo del que ustedes deberían estar enterados, es la necesidad de presentar una Declaración de Jurada de Respaldo Económico ó Affidávit of Support (Formulario I-864) para el hermano de su esposo. Esto sería necesario en su caso porque:

➤ su esposo es propietario de más de 5% de la compañía que va a hacer la petición para la visa de su hermano;

➤ su esposo tiene una relación de parentesco con su hermano; y,

➤ el hermano de su esposo está inmigrando a los Estados Unidos, ingresando sin una visa temporal.

5.

Inmigración Basándose en la Familia

¿Quisiera obtener una Tarjeta de Residencia? ¿Ya tiene una? Este capítulo trata de algunas de las formas más comunes en que usted puede obtener la Tarjeta de Residencia enfocándose en inmigración en base a la familia. También puede calificar para obtener la Tarjeta de Residencia basándose en su empleo o negocio y ese tema se trata en el Capítulo 4.

Comenzamos el capítulo con un análisis sobre lo que implica ser un residente permanente legal y lo que debe hacer para mantener su estatus. Muchos residentes permanentes legales no saben que el permanecer más de un año fuera de los Estados Unidos los pone en un gran riesgo de perder su Tarjeta de Residencia. Algunas veces, aún viajes poco frecuentes fuera de los Estados Unidos, pueden ocasionarle la pérdida de la Tarjeta de Residencia.

Luego, hablamos acerca de cuándo y cómo los extranjeros legales permanentes pueden traer a sus familiares a los Estados Unidos. Esta oportunidad está disponible para esposas, niños menores, e hijos e hijas de residentes permanentes legales. Estas relaciones crean lo que la ley de inmigración llama "preferencia de familia patrocinada". El número de estas visas es limitado por preferencia y por país. Estas visas también son más limitadas que las preferencias disponibles para los ciudadanos estadounidenses que patrocinan visas de inmigrantes.

Debido a que el matrimonio forma una de las bases más comunes de inmigración basada en la familia para residentes permanentes legales, incluimos Preguntas & Respuestas (P y R) sobre la "Ley de Fraude Matrimonial" y "estado de inmigrante condicional". Bajo esta normatividad, el matrimonio que dura menos de dos años puede resultar en la pérdida del estatus migratorio.

Los últimos años también han traído cambios a la inmigración basada en la familia. La "Ley de Inmigración Legal de Equidad Familiar del año 2000" (LIFE) ha hecho posible que algunas familias que han estado esperando por mucho tiempo sus visas, se puedan reunir en los Estados Unidos. LIFE también ha creado una nueva Visa V para que las esposas viajen a los Estados Unidos como no-inmigrantes, aunque se haya presentado una petición para ellas con estado de inmigrante.

RESIDENTES PERMANENTES LEGALES

PSoy de Jamaica y tengo muchos amigos que ahora viven en los Estados Unidos. Muchos de ellos son residentes permanentes extranjeros. ¿Qué quiere decir eso? ¿Son ahora norteamericanos o todavía son jamaiquinos?

RPara propósitos de la ley de inmigración de EE.UU., ellos todavía son ciudadanos jamaiquinos. No obstante, ahora son residentes permanentes legales. Un residente permanente legal (también conocido como residente permanente extranjero) es un extranjero, originario de otro país al que se le ha otorgado el privilegio de vivir y trabajar permanentemente en los Estados Unidos.

PMis familiares en los Estados Unidos dicen que mi esposo y yo deberíamos ir a vivir con ellos. Como familia, estamos de acuerdo en inmigrar a los Estados Unidos. ¿Por dónde empezamos?

REl primer punto que hay que abordar es determinar si usted y su familia califican para inmigrar a los Estados Unidos. No pueden simplemente presentar una solicitud para venir a los Estados Unidos. Antes, alguien (un familiar) o una organización, un empleador deben patrocinarlos o presentar una petición. Si sus parientes aquí en los Estados Unidos quieren solicitar la petición para que vengan usted y los miembros de su familia, usted primero debe determinar el estado inmigratorio de sus parientes aquí en los Estados Unidos (ciudadanos o residentes permanentes extranjeros). Después, debe comprobar si el lazo familiar que tienen con usted es un lazo que va a apoyar la petición para la residencia permanente a favor de usted y su familia.

PSi mi familiar en los Estados Unidos es residente permanente extranjero(a), ¿puede solicitar la petición para que yo venga a los Estados Unidos a vivir y trabajar como residente permanente extranjero?

RDepende de su relación familiar. El primer obstáculo que debe resolver es que su familiar aquí en los Estados Unidos sea residente permanente extranjero. Lo bueno es que los residentes permanentes legales pueden patrocinar a algunos de sus familiares para que vengan a los Estados Unidos como residentes permanentes extranjeros. Sin embargo, el próximo obstáculo sería determinar cuál es la relación familiar entre ustedes. Los esposos casi siempre califican; los hijos, a veces, pero los hermanos y hermanas no califican.

P Soy residente permanente y mi prima, que vive en otro país, quiere venir a vivir conmigo. ¿Cómo puedo comenzar el proceso para traer a mi prima?

R Desdichadamente, su prima no va a poder venir a los Estados Unidos basándose simplemente en su petición. Según las leyes de inmigración y las preferencias basadas en la familia, usted no puede patrocinar a su prima para venir a los Estados Unidos porque no es un familiar que esté en la lista de la Ley de Inmigración y Nacionalidad, los cuales pueden obtener cualquier beneficio de los residentes permanentes extranjeros (o hasta de los ciudadanos).

P Mi mejor amigo en mi país está ahora en los Estados Unidos por razones de negocios por tres meses. Constantemente me llama y me dice qué fabuloso es EE.UU. y cuánto me gustaría. He decidido que me gustaría reunirme con mi amigo en los Estados Unidos para vivir y trabajar. ¿Qué puede hacer él para patrocinarme?

R En realidad, no hay nada que pueda hacer para patrocinarlo a usted. Puesto que su amigo no es ciudadano de

Estados Unidos ni residente permanente extranjero, él no tiene la autoridad para patrocinar a nadie que quiera venir a vivir y trabajar en EE.UU.

PMi compañera de trabajo es residente permanente extranjera que después se naturalizó haciéndose ciudadana de Estados Unidos. Ella ha presentado una petición para patrocinar a su hermano para que inmigre a los Estados Unidos. Yo le hablé de los planes que tengo también de presentar una petición para traer a mi hermano a vivir y trabajar en los Estados Unidos. Mi compañera dice que yo, sin embargo, no voy a poder traer a mi hermano porque soy residente permanente legal. ¿Tiene razón?

RSí, ella tiene razón. Como ciudadana de los Estados Unidos, su compañera de trabajo puede patrocinar a varios de sus familiares para que inmigren a los Estados Unidos. Los familiares que un ciudadano puede patrocinar incluyen:

- ➢ a un cónyuge o niño(a) menor de 21 años;
- ➢ niños(as) solteros menores de 21 años;
- ➢ hijos o hijas solteros(as) mayores de 21 años;
- ➢ un hijo o hija casado(a) de cualquier edad;
- ➢ hermanos o hermanas, si el ciudadano(a) de Estados Unidos tiene al menos 21 años de edad; y,
- ➢ padres de un ciudadano(a) de Estados Unidos que tenga por lo menos 21 años de edad.

Por otra parte, usted, como residente permanente extranjero, no recibe el mismo trato. Un residente permanente extranjero sólo puede patrocinar a los siguientes miembros de su familia para que inmigren a los Estados Unidos:

➤ a su esposo(a);

➤ a hijos o hijas solteros mayores de 21 años;

➤ pero no a hermanos o hermanas.

P **Mi hermano ha sido residente permanente legal por aproximadamente seis años. Tuvo una niña con su novia de nuestro país de origen que engendraron fuera del matrimonio. Ellos ahora se han casado y desean traer a su hija a los Estados Unidos a vivir con ellos. ¿Pueden hacer eso?**

R Sí pueden. Puesto que su hermano es residente permanente extranjero, puede traer a su hija soltera que es menor de 21 años a los Estados Unidos a vivir con ellos. Un factor importante es notar que su hermano y su esposa se casaron antes de que su niña cumpliera los 18 años, legitimando así a la niña. Su hermano necesitará presentar una copia de la Tarjeta de Residencia, una copia del acta de nacimiento de su niña y su acta de matrimonio.

P **Mi mejor amiga que es residente permanente extranjera se ha casado recientemente con su novio de Alemania. Ella está bastante confiada de que puede presentar una petición para él, como su nuevo esposo, para que venga a vivir a EE.UU. Asimismo, él tiene una niña de su relación**

previa que está criando. ¿Puede mi amiga también solicitar una petición para su nueva hijastra para que venga a vivir a los Estados Unidos?

R En este caso, sí. Su amiga puede presentar una petición para que su esposo y su hijastra vengan a vivir a los Estados Unidos. Es importante notar que, si la hijastra hubiera tenido 18 años o más, su amiga no hubiera podido presentar la petición para que su hijastra viniera a los Estados Unidos. El matrimonio que crea la relación de madrastra-hijastro(a) [o padrastro-hijastro(a)] debe llevarse a cabo antes de que el niño(a) cumpla los 18 años.

P Soy residente permanente extranjero. Una vez que haya decidido que soy elegible para patrocinar a mi esposa para venir a los Estados Unidos, ¿cuál es el próximo paso que debo tomar para traerla aquí?

R Debe presentar al USCIS el Formulario I-130, Petición para Familiar Extranjero. Junto con ese formulario, también debe presentar la documentación que demuestre su estatus como residente permanente extranjero (como su Tarjeta de Residencia); una copia de su acta matrimonial; dos fotografías de cada uno de ustedes en el formato de la Tarjeta de Residencia; y un Formulario G-325A cada uno.

P Mi tío es residente permanente legal. Hace poco presentó el Formulario I-130 para que su esposa se reuniera con él aquí en los Estados Unidos. La petición fue aprobada, pero él no ha sabido más al respecto. ¿Cuál es el próximo paso en el proceso?

Esperar. Una vez que el Departamento de Estado determina cuándo está disponible el número de un inmigrante, su tía y su tío serán notificados por el USCIS de que la visa está disponible. Su tía recibirá instrucciones para que vaya al consulado de EE.UU. cercano al área donde vive para completar el proceso de su solicitud y recoger su visa.

Mi esposa recogió su visa del consulado de Estados Unidos en nuestro país y está tomando el avión para reunirse conmigo aquí en los Estados Unidos. ¿Podemos ahora olvidarnos de todo, seguros de que ella ya es residente permanente extranjera?

No todavía. Existen aún algunos pasos que aún se deben completar. Una vez que su esposa llegue a los Estados unidos, debe presentar el Formulario I-485 para ajustar su estatus migratorio. Ustedes recibirán una cita para que se les haga una entrevista de ajuste y, en ese momento, a ella se le otorgará el estatus migratorio correspondiente o le será negado. Si se le otorgara, se le estampará su pasaporte extranjero y recibirá la Tarjeta de Residencia por correo.

Si se le niega el ajuste, ella recibirá una carta por correo informándole que ha sido denegada y en donde se explica por qué fue denegada y posiblemente también podría recibir una notificación de que tiene que irse de los Estados Unidos hasta cierta fecha.

PMi hermano presentó recientemente una solicitud para ajuste de estatus. Se da cuenta de que va a pasar un tiempo antes de que la solicitud sea aprobada, pero, en el ínterin, tiene miedo de que se le comiencen a amontonar las cuentas. Su amigo le ha ofrecido conseguirle un trabajo, pero mi hermano tiene miedo de trabajar antes de que se complete el ajuste. ¿Tendría que estar muy preocupado?

RSu hermano puede solicitar un permiso de trabajo mientras su solicitud de ajuste esté pendiente. Él puede usar el Formulario I-765 para solicitar un Documento de Autorización de Empleo (EAD ó DAE) que demuestre su derecho a aceptar empleo. Si se aprueba la solicitud de ajuste de su hermano, no va a necesitar un DAE porque su Tarjeta de Residencia servirá como prueba para aceptar empleo.

PMi hermano, que vive conmigo en nuestro país, dice que su esposa, que es ciudadana de Estados Unidos, va a solicitarle la Tarjeta Verde para que puedan vivir juntos en los EE.UU. Yo conozco más o menos lo que es, pero ¿qué es exactamente una Tarjeta Verde? ¿Es verde?

REl término Tarjeta Verde se refiere a la tarjeta plástica que el gobierno de los Estados Unidos emite, la cual identifica al poseedor como residente permanente legal extranjero. El nombre oficial de la tarjeta es Tarjeta de Recibo de Registro Extranjera. El nombre "Tarjeta Verde" surgió porque años atrás, cuando la tarjeta se emitió, era realmente de color verde. Sin embargo, las versiones más recientes de la tarjeta no son verdes sino blancas o rosadas, pero como el término "Tarjeta Verde" se utilizó tanto, le quedó el nombre. Casi todos saben a qué se refiere uno cuando se habla de la Tarjeta Verde.

PAcabo de recibir la Tarjeta de Residencia del Servicio de Inmigración y Ciudadanía de los Estados Unidos (USCIS). Veo que la tarjeta tiene mi nombre, pero ¿qué quiere decir toda la otra información?

REsta tarjeta sirve como prueba de que usted es residente permanente extranjero en los Estados Unidos y de que está autorizado a trabajar. Debería llevar esta tarjeta con usted en todo momento. En la parte delantera, la parte superior de la tarjeta dice "Residente Extranjero" y contiene su nombre completo así como su foto. La parte delantera de la tarjeta también contiene las huellas digitales que le tomaron durante el proceso de solicitud para residente permanente. Finalmente, aparece un número de ocho dígitos precedidos por la letra "A", al cual se lo conoce, comúnmente, como su número A. Este número es su identificación personal. En cualquier momento que usted esté en contacto con el USCIS o cualquier otra agencia gubernamental, es muy posible que le pidan su Número A. El dorso de la tarjeta también contiene mucha información que lo identifica, incluyendo la fecha en que fue admitido a los Estados Unidos. Los múltiples números en el dorso de la tarjeta son códigos internos que usa el USCIS para identificarlo a usted y su estatus migratorio.

PMi hermana sabía que su Tarjeta de Residencia iba a expirar el año pasado, pero no hizo nada para renovarla. Su amiga le dijo que ahora es básicamente inmigrante ilegal y que, si el USCIS se entera de que su Tarjeta de Residencia ha expirado, va a ser deportada. ¿Es verdad?

RNo. A pesar de que es importante que su hermana renueve su Tarjeta de Residencia a tiempo, no se la considerada como extranjera ilegal y no está sujeta a deportación inmediata sólo porque haya expirado su Tarjeta de Residencia. Su hermana puede, todavía, presentar el Formulario I-90 para pedir una tarjeta de registro extranjera que reemplace a la anterior. Si su hermana hubiera presentado la renovación con más tiempo (antes de la fecha de expiración), verdaderamente tendría un período de espera más corto para obtener su nueva Tarjeta de Residencia.

PMi vecina no presentó la solicitud a tiempo para renovar su Tarjeta de Residencia y ahora necesita viajar a su país de origen para resolver un negocio familiar. ¿Estaría bien que ella viajara con la Tarjeta de Residencia vencida y explique a las autoridades de la frontera que su nueva Tarjeta de Residencia está por llegarle por correo?

RDefinitivamente no. Al dejar los Estados Unidos con una Tarjeta de Residencia vencida, su vecina enfrentará problemas cuando trate de volver a entrar a los Estados Unidos. Si su vecina ha presentado el Formulario I-90, Solicitud para Tarjeta de

Reemplazo, puede ir a su oficina de distrito local donde presentó el Formulario I-90 y obtener un sello en su pasaporte, lo que servirá para probar su estatus de residente permanente legal.

P ¿Existen algunas reglas que tenga que seguir un residente permanente extranjero que no aplican a un ciudadano de EE.UU.?

R Sí. Un ciudadano de Estados Unidos tiene derecho a votar. Un residente extranjero permanente no tiene derecho al voto. Y lo que es peor, si un residente permanente extranjero vota y después trata de presentar una solicitud para naturalización, no se le va a permitir naturalizarse, y lo más seguro es que puede ser deportado(a). Además de eso, a un residente permanente extranjero se le exige que cumpla ciertos requisitos específicos de residencia, mientras que un ciudadano de Estados Unidos puede entrar y salir de los Estados Unidos o hasta vivir fuera de los Estados Unidos si esa es su preferencia.

P Después de estar fuera de los Estados Unidos por más de un año para cuidar a mi mamá enferma, ¿qué puedo mostrar para que me ayude en mi caso y mantener mi Tarjeta de Residencia?

R Cuantos más documentos usted obtenga, de los descritos abajo, mejor le ira:
➤ lazos de familia en los Estados Unidos—tales como dónde viven sus hijos, sus hermanos y hermanas, etc.;

➤ propiedades en los Estados Unidos—tales como una casa, un departamento alquilado, cuentas de banco;

➤ contactos y nexos de negocios en los Estados Unidos—tales como un negocio del que usted o su familia sean propietarios, un trabajo al que pueda volver;

➤ cumplir con las leyes de impuestos de los Estados Unidos, incluyendo presentar la devolución de impuestos mientras usted está fuera del país; y/o,

➤ poseer el número de su seguro social.

Debería prepararse para demostrar detalles de la enfermedad de su madre, como ser, registros del doctor, que apoyen la idea de que usted siempre pensaba que su estadía iba a ser corta. También ayudaría demostrar por qué no hubo nadie más que estuviera disponible para cuidar a su mamá y por qué no pudo traer a su madre a los Estados Unidos para cuidarla aquí. Si después de evaluar cuidadosamente estos hechos, usted piensa que va a poder demostrar la intencionalidad apropiada, llene el Formulario DS-117, Solicitud para Determinar Estatus de Restitución a Residente (Solicitud para Determinar la Restitución al Estatus de Residente) y preséntela en el consulado de Estados Unidos de su país.

PREFERENCIAS SOBRE LA BASE DE LA FAMILIA

PSoy ciudadana de los Estados Unidos y quisiera traer a mi hermano a los Estados Unidos a vivir acá permanentemente. Creo que mi hermano no va a tener que esperar mucho puesto que soy ciudadana, pero mi amiga dice que va a tener esperar que haya una visa disponible. ¿Quién tiene razón?

R Su amiga tiene razón. Aún siendo usted ciudadana de Estados Unidos, los familiares que usted patrocine para venir a los Estados Unidos entran en dos categorías separadas. Las esposas e hijos de ciudadanos estadounidenses son considerados familiares inmediatos y no tienen que esperar que haya un número de visa disponible para poder inmigrar, mientras que los hermanos(as) de ciudadanos de Estados Unidos no son familiares inmediatos. Sus visas están sujetas a limitaciones numéricas; por lo tanto, deben esperar hasta que haya una visa disponible para ellos antes de que puedan inmigrar a los Estados Unidos.

P Soy enfermera. Pude obtener una Tarjeta de Residencia para que mi esposo se reuniera conmigo en los Estados Unidos. Debido a su trabajo, él no pudo hacerlo inmediatamente. En el ínterin, yo me he hecho ciudadana naturalizada de EE.UU. Mi esposo ahora puede mudarse a los Estados Unidos. ¿Puede venir todavía con mi visa original puesto que su nombre ya está allí?

R No, porque usted es ahora ciudadana. Debe presentar una petición para familiar inmediato para su esposo.

P Mi papá es residente permanente legal y ha presentado una petición para que yo vaya a vivir con él en los

Estados Unidos. Al principio, yo estaba muy contento, pero después me dijo que probablemente iban a pasar muchos años antes de que yo pudiera en realidad ir. ¿Tiene razón?

R Su papá, en verdad, tiene la razón. A pesar de que él legítimamente lo patrocine para que venga a vivir con él, usted igual debe atravesar por el proceso de obtener una visa para entrar a los Estados Unidos. Aquí es donde comienza la larga, larga espera. Usted está en la segunda categoría de preferencia familiar, la cual está sujeta a una limitación numérica. Puesto que existe mucha gente que ha presentado peticiones en la categoría de segunda preferencia para que sus familiares inmigren a los Estados Unidos, cada una de estas solicitudes se recibe y se procesa por orden cronológico. Existen muchos beneficiarios esperando antes que usted, y esto es parte de la razón por la que existe una larga espera.

P **Mi vecino y yo tuvimos una discusión sobre el estatus de mi hijo que está casado. Yo recuerdo, específicamente que, como ciudadano estadounidense, mi esposa y mis hijos son mis familiares inmediatos. Sin embargo, mi vecino dice que mi hijo no se considera mi familiar inmediato. ¿Cómo puede ser eso?**

R Mientras usted tiene, parcialmente, la razón en su entendimiento de lo que son las relaciones familiares definidas por la Ley de Inmigración y Nacionalidad (INA), en este caso, su vecino tiene la razón técnicamente. Es decir, los miembros de la familia de ciudadanos de Estados Unidos y de residentes permanentes legales se colocan en diferentes categorías dependiendo de cuál es su relación familiar. En su caso, aunque es verdad que los cónyuges son familiares inmediatos para propósitos de inmigración, no todos los hijos son familiares inmediatos. De hecho, debido a que su hijo está casado, no es considerado familiar inmediato.

P Como ciudadano de Estados Unidos, sé que mi esposo es mi familiar inmediato para propósitos de inmigración. ¿Quién más es considerado mi familiar inmediato?

R Como ciudadana de Estados Unidos, para propósitos de inmigración, la definición de familiar inmediato incluye las siguientes personas:
- ➤ el cónyuge;
- ➤ los hijos solteros menores de 21 años; y,
- ➤ los padres.

P La clasificación de quién viene a ser familiar inmediato de un ciudadano de Estados Unidos deja de lado a muchos de los miembros de mi familia. ¿Puede explicar cómo mis otros familiares están clasificados?

R Puesto que usted es ciudadano de Estados Unidos, existen un par de diferentes clasificaciones de las que usted debe enterarse. Si usted presenta una petición para que uno de sus familiares venga a vivir y trabajar en los Estados Unidos y su familiar no es un familiar inmediato, su visa de inmigración va a estar sujeta a limitaciones numéricas. Por ejemplo, sus hijos o hijas casados(as) son familiares de tercera preferencia y sus hermanas o hermanos son familiares de cuarta preferencia.

P ¿Qué son exactamente estas preferencias basadas en la familia y a qué familiares cubren?

R Las personas que quieren inmigrar a los Estados Unidos están divididas en categorías basadas en un sistema de preferencia. Esto significa que, algunas relaciones son preferidas sobre otras en cuanto al número de visas de inmigrantes que hay disponibles cada año. Los familiares inmediatos de un ciudadano estadounidense están a la cabeza en su propia categoría porque no están sujetas a limitaciones numéricas. Si un ciudadano de Estados Unidos es el patrocinador de un familiar extranjero, existen categorías de preferencia adicionales. Por ejemplo, si el familiar extranjero es hijo(a) soltero(a) mayor de 21 años, se considera que está en la categoría de PRIMERA PREFERENCIA. Si el familiar extranjero es un hijo o hija casado(a), ése familiar es considerado que está en la categoría de TERCERA PREFERENCIA. Finalmente, si el familiar es el hermano o hermana del ciudadano estadounidense, se considera que está en la categoría de CUARTA (y última) PREFERENCIA.

P ¿Alguna de estas categorías de preferencia que se refiere a residentes permanentes legales o sólo se refieren a ciudadanos de Estados Unidos?

R Los miembros de la familia de residentes permanentes legales también se clasifican por el sistema de preferencia basado en la familia. Si un residente permanente legal es el patrocinador(a) de un familiar extranjero, existen dos categorías de preferencia y ambas entran dentro de la SEGUNDA PREFERENCIA. Por ejemplo, si el familiar extranjero es la esposa o el(la) hijo(a) soltero(a) menor de 21 años, el familiar se considera que está en la CATEGORÍA DE PREFERENCIA 2A. Después, si el familiar extranjero es el(la) hijo(a) soltero(a) mayor de 21 años, el familiar se considera que está en la CATEGORÍA DE PREFERENCIA 2B.

P **Mi esposo posee una Tarjeta de Residencia. Mi hijo y yo planeamos ir a los Estados Unidos el mes que viene. Ambos estamos aprobados bajo la visa de mi esposo. Es casi un año desde que mi esposo recibió la Tarjeta de Residencia con el permiso de llevarnos a los Estados Unidos. ¿Será eso un problema? También, mi hijo, que tiene 18 años, no quiere vivir con su papá y ya ha dicho que quiere vivir con su tío apenas llegue a los Estados Unidos. ¿Perderá él su visa de esta forma?**

R Usted y su hijo pueden recibir visas para venir a los Estados Unidos como miembros de la familia que siguen a reunirse con el poseedor principal de la visa. La ley de inmigración de EE.UU. no establece ningún período reglamentario durante el cual usted y su hijo tengan que seguir a su esposo a los Estados Unidos. Es más, no existen requisitos de que el cónyuge o hijo/a tenga que vivir con el poseedor de la visa en los Estados Unidos.

PMi nieto dice que estaba investigando el tema de preferencias familiares, pero que no pudo determinar en qué categoría preferencial encajaría él. ¿Será que él no sabe si buscar en la lista de preferencia de familias para ciudadanos versus la lista de preferencia familiar para residentes permanentes legales?

REn realidad, no importa en qué lista mire su nieto, no encontrará una categoría de preferencia para nietos. De hecho, hay una cantidad de personas que no son elegibles para inmigrar a los Estados Unidos basadas en una petición familiar presentada por un ciudadano de Estados Unidos o un residente permanente legal. En esa lista están incluidos primos y primas, sobrinas y sobrinos, ahijados y ahijadas, amigos cercanos de la familia y otras personas.

PQué factores determinan cuánto tiempo tendría que esperar un familiar extranjero antes de poder inmigrar a los Estados Unidos una vez que se ha presentado una petición a su favor?

REl primer factor a considerar es quién es el patrocinador de la petición. Si el patrocinador de la petición es un ciudadano estadounidense y el familiar extranjero es un familiar inmediato, el tiempo de espera desde que se presentó la petición y que el familiar extranjero pueda realmente inmigrar, dependerá sólo del tiempo que tome el proceso de emitir la visa, mientras que si el familiar extranjero no es un familiar inmediato, el próximo factor a considerar es a qué categoría preferencial pertenece.

Dependiendo de cuál sea la categoría de preferencia en la que esté el familiar, la espera podría ser de dos a catorce años antes de que haya un número de visa disponible para que el familiar inmigre.

P Mi compañera de trabajo, que es ciudadana de Estados Unidos, presentó una petición para traer a su hermana aquí a los Estados Unidos a vivir con ella. Ya han recibido notificación de que la petición ha sido procesada y aprobada y que se les notificará cuando haya un número de visa disponible. ¿Hay alguna manera en que mi compañera pueda determinar aproximadamente cuánto tiempo tendrá que esperar su hermana para obtener un número de visa?

R Sí. En la notificación de aprobación que recibió la hermana de su compañera, hay una fecha que indica en qué fecha se presentó la petición. Esta fecha también se conoce como la fecha de prioridad. Todos los meses, el Departamento de Estado publica y pone a la disposición un documento llamado Boletín de Visas, el cual muestra el mes y el año de la petición de la visa que están procesando en ese momento. Comparando su fecha de prioridad con la fecha del Boletín de Visas, la hermana de su compañera podrá saber aproximadamente cuánto tiempo tendrá que esperar para recibir un número de visa. El Boletín de Visas se puede obtener buscándolo en el sitio Web del Departamento de Estado al **http//travel.state.gov/visa_bulletin.html**, por medio de un abogado o de organizaciones inmigratorias de servicios sociales.

PMi amiga me dijo que, aunque yo no crea que califico para ajustar mi estatus inmigratorio en los Estados Unidos, debería consultar con un abogado para saber si algunas de las provisiones de la nueva Ley LIFE puedan referirse a mí. ¿Qué es la Ley LIFE?

REn diciembre del año 2000, el Presidente Clinton aprobó como ley un paquete legislativo de inmigración llamado la Ley de Inmigración Legal de Equidad Familiar (LIFE Act). Esta nueva ley permite que ciertas categorías de individuos se queden en los Estados Unidos mientras se procesan sus peticiones para ajuste de estado, a pesar del hecho de que hayan violado su estado de inmigración. Entre otras cosas, esta ley también permite que ciertas categorías de individuos puedan venir a los Estados Unidos para estar con sus familiares mientras las peticiones para visa de inmigrantes están pendientes.

PSoy hija de un residente permanente legal. Mi mamá presentó la petición para que yo venga a vivir a los Estados Unidos con ella y la petición se aprobó. Sin embargo, he estado esperando algunos años ya para recibir un número de visa, y pareciera que puede tomar otros tantos años. ¿Me puede ayudar la nueva Visa V creada por la Ley LIFE?

RSí. La nueva Visa V le ayudará mientras que cumpla con los siguientes requisitos.

➤ Su mamá debe haber presentado la petición de inmigración para usted el mismo día o antes del 21 de diciembre del año 2000.

➤ Usted tiene que haber estado soltera y tenido menos de 21 años en ese momento.

➤ Usted debe haber estado esperando tres años desde que la petición se presentó y deben haber ocurrido algunas de las siguientes situaciones:

  ➤ no se ha tomado una decisión;

  ➤ su petición fue aprobada pero todavía no existen números de visa disponibles; o,

  ➤ está pendiente su solicitud para ajuste de estatus (solicitud para visa de inmigrante).

COMPROMISOS PARA CASARSE

PMi novio norteamericano por cuatro años, finalmente me ha pedido que me case con él. Nos hemos estado viendo por medio de visitas cortas en Estados Unidos y en Grecia; sin embargo, ahora que estamos comprometidos, necesito estar en los Estados Unidos por un período de tiempo largo para poder planear el casamiento. ¿Cómo puedo ir a los EE.UU. por más de las dos o tres semanas que, generalmente paso allí?

RSi ha estado viajando a los Estados Unidos con una Visa B-1/B-2, seguramente va a continuar haciéndolo y puede pedir que se le emita la visa por tres o cuatro meses o el tiempo que usted piensa que necesita para planear su matrimonio (hasta seis meses).

PSoy de Sudáfrica y he conocido a un ciudadano de Estados Unidos mientras él estuvo de vacaciones aquí. Nos llevamos muy bien y hemos decidido que queremos mantenernos en contacto. Yo le sugerí que me patrocinara para ir a vivir a los Estados Unidos por unos seis meses para ver si queremos continuar con la relación. ¿Qué necesita hacer para que me ampare legalmente y yo vaya a vivir a los Estados Unidos?

RAunque los ciudadanos estadounidenses pueden patrocinar a sus prometidas a venir y vivir en los Estados Unidos, no pueden patrocinar a sus novias. En su caso, usted podría solicitar una Visa B-1/B-2, venir a los Estados Unidos para verlo por un par de meses, y después decidir si ustedes dos desean continuar la relación; pero usted tendría que convencer a las autoridades de inmigración que usted tiene la intención de volver a su país.

PSoy residente permanente legal. Mi novia de Rumania y yo nos acabamos de comprometer. Hemos decidido que no queremos tener un compromiso largo, sino que nos queremos casar lo antes posible. Si viajo a Rumania mañana para que podamos fugarnos y casarnos, ¿podría traer a mi nueva esposa a los Estados Unidos conmigo en el avión al volver?

R No. Ya que ella sería entonces la esposa de un residente permanente legal, caería dentro de la categoría PREFER-ENCIAL 2A y debería quedarse en Rumania hasta que haya un número de visa disponible para ella.

P **Soy ciudadano estadounidense. Estaba viajando en México cuando conocí y me enamoré de mi prometida. Quiero que venga a vivir conmigo lo antes posible. ¿Qué necesito hacer?**

R Si su prometida no es ciudadana de Estados Unidos y van a casarse en los Estados Unidos, el primer paso es que usted presente una petición al USCIS a favor de ella para que pueda viajar a los Estados Unidos para casarse. Debe presentar el Formulario I-129F, Petición para Prometido(a) Extranjero(a) junto con otros documentos de apoyo.

P **Mi hermano está en el proceso de presentar la petición para traer a su prometida a los Estados Unidos para casarse. Me dijo que se sentía aliviado de saber que todo lo que tenía que hacer era llenar el Formulario I-129F de dos páginas y después su prometida se iba a reunir con él en los Estados Unidos. A mí esto me parece extremadamente simple. ¿Es verdad que eso es todo lo que debe hacer?**

R Ni por asomo. Aparte de presentar el Formulario I-129F, su hermano debe también presentar muchos documentos importantes al USCIS. Primero, su hermano debe proporcionar prueba de que es ciudadano estadounidense. Esto se puede demostrar con el acta de nacimiento, su pasaporte de EE.UU., el Certificado de Naturalización o de Ciudadanía. Después, su hermano y su prometida deben presentar el Formulario G-325A, Hojas de Datos Biográficos. Tanto su hermano como su prometida deben llenar esta forma en cuadruplicado. Además, ambos deben incluir en la documentación una fotografía de cada uno a color tomada dentro de los treinta días de presentar la solicitud. También, si alguno de ellos ha estado casado antes, deben presentar copias del acta de divorcio, certificado de defunción, etc. Finalmente, si su hermano o su prometida están sujetos a restricciones por la edad (si tienen menos de 16 años de edad), deben presentar pruebas del permiso para casarse. Finalmente, si su hermano o la prometida de él está sujeto(a) a las restricciones de edad (menor de 16 años de edad), ellos deben presentar evidencia de permiso para matrimonio de un padre, un guardián legal o Tutor, o en su defecto, el de la corte.

P Mi vecina ha sido residente permanente legal por cuatro años. Su novio de su país de origen, recientemente le propuso matrimonio y están comprometidos para casarse. Ella está preparando ansiosamente los documentos necesarios para presentar la petición para que su prometido venga a los Estados Unidos para que se puedan casar. ¿Es la lista de documentos requeridos la misma para ella que para un ciudadano estadounidense?

R No. No existe ninguna lista de documentos requerida para su vecina porque ella no es elegible para presentar el Formulario I-129F, Petición para Prometido(a) Extranjero(a). Los residentes permanentes legales no pueden presentar peticiones para visas de prometidos(as). Estas peticiones sólo están disponibles para ciudadanos estadounidenses. Su vecina debe volver a su país, casarse, y después presentar el Formulario I-130 que es una petición para la inmigración de su esposo.

P **Mi hermano está comprometido para casarse con una mujer que nunca ha conocido. Es parte de nuestra cultura en nuestro país que los jóvenes y jovencitas que desean casarse, permiten que los miembros mayores de su familia arreglen el matrimonio. ¿Qué tendrá que hacer mi hermano sobre el requisito que debe cumplir de haber conocido a su prometida en persona para presentar la petición para la Visa K-1 para su prometida?**

R El requisito de conocerse en persona para la Visa K-1 viene con algunas excepciones. El requisito se puede obviar si la pareja puede establecer que el conocerse en persona antes del casamiento violaría sus costumbres de mucho tiempo, o que el encuentro crearía apuros (privaciones, penurias) extremas para el ciudadano de Estados Unidos.

PMi mejor amigo presentó con éxito la petición para que su prometida viniera a los Estados Unidos con la Visa K-1. A pesar de que, originalmente planeaban casarse en unas dos semanas en la municipalidad, ahora están contemplando tener un casamiento más tradicional en la primavera. ¿Le importará al USCIS sus planes específicos de matrimonio?

RSí, mucho. La Visa K-1 provee la maravillosa oportunidad para futuros esposos(as) de que puedan estar juntos lo antes posible. La visa también trae consigo muchos compromisos. En este caso, su amigo y su prometida tienen que tener mucho cuidado acerca de en qué momento van a concertar el verdadero casamiento. Una de las condiciones de la Visa K-1 es que la pareja debe casarse dentro de los noventa días que el prometido(a) extranjero(a) llegue a los Estados Unidos.

PMi prometido vino a los Estados Unidos para que nos casemos. Sin embargo, su mamá se ha enfermado en su país y quiere volver para estar con su familia. Puesto que no nos casamos todavía, estoy un poquito nerviosa en cuanto a que él salga del país. Me asegura que este viaje a su país va a ser tan corto que ni siquiera se lo va a extrañar en los Estados Unidos. ¿Debo estar preocupada de todas maneras?

RSí. En este mundo post-Septiembre 11 del 2001 de terrorismo y amenazas de seguridad, las fronteras de la nación se están cuidando mucho. Sería una mejor idea que, antes de dejar los

Estados Unidos, su prometido pidiera permiso para viajar a su país. Este permiso dado con anterioridad se llama "anticipo bajo palabra" (palabra condicional anticipada). Si su prometido deja los Estados Unidos sin solicitar este anticipo bajo palabra, será considerado por el USCIS como que abandonó el estatus de Visa K-1.

PLa prometida de mi hijo se está preparando para venir a los Estados Unidos para casarse con mi hijo. Ella tiene un niño pequeño de una relación anterior. ¿Podrá traer a su niño con ella?

RSí. Si su hijo incluyó al niño en la solicitud del Formulario I-129F, entonces el niño podrá viajar con su madre a los Estados Unidos. El hijo estará entrando a los Estados Unidos con una Visa K-2.

PAhora que mi prometido está aquí en los Estados Unidos conmigo y que nos hemos casado dentro del período de noventa días, hemos presentado una solicitud para su ajuste de estatus para ser residente permanente legal. Mi esposo quiere ir a trabajar ahora. ¿Cuánto tiempo le tomará recibir su residencia permanente?

RDebido a que existen demoras y acumulación de trabajo fuera de su control, su esposo puede no recibir su Tarjeta de Residencia por meses. Sin embargo, eso no afecta su posibilidad de ir a trabajar. De hecho, él es elegible para solicitar un permiso de trabajo mientras su solicitud de ajuste esté pendiente.

Su esposo debería presentar el Formulario I-765, Solicitud para Documento de Autorización de Empleo. Una vez que haya ajustado su estado a residente permanente, ya no necesitará el permiso de trabajo porque su Tarjeta de Residencia le servirá como prueba que tiene el derecho de vivir y trabajar en los Estados Unidos.

P Mi esposo y yo ya hemos estado casados por dos años. Yo recuerdo vagamente que, cuando estábamos llenando sus papeles de inmigración (hace dos años), había algunos otros formularios que debíamos entregar al USCIS poco después de nuestro segundo aniversario de matrimonio. ¿Qué formulario es el que debemos entregar?

R Usted se refiere al Formulario I-751, Petición para Prescindir Condiciones sobre la Residencia. Específicamente, tanto usted como su esposo deben llenar y firmar este formulario durante los noventa días antes de cumplir su segundo aniversario de casamiento. Su esposo es considerado como residente permanente condicional durante los primeros dos años de matrimonio. Una vez que ustedes presenten este formulario, la condición en su estado de residente se levanta y su estatus será el de residente permanente legal.

P Mi hermano y su esposa estuvieron casados un año; después se separaron y, eventualmente, se divorciaron. Mi hermano está preocupado porque, como nunca llegaron al segundo año de aniversario de casados, el

USCIS le revoque su residencia permanente condicional. ¿Debería estar preocupado?

No necesariamente. El USCIS reconoce que no todos los matrimonios tienen éxito. Aún los matrimonios de buena fe pueden fallar antes de que la pareja llegue a su segundo aniversario de casados. Debido a eso, existe un proceso en el cual su hermano podría pedir que se le permita solicitar el Formulario I-751, Petición para Prescindir Condiciones sobre la Residencia, para quitar las condiciones sobre su estado inmigratorio por sí mismo y permitirle quedarse en los Estados Unidos como residente permanente legal. Para poder utilizar este procedimiento, su hermano debe pedir una renuncia al requisito de solicitar una petición conjunta. Su hermano debe presentar el Formulario I-751 (sólo con su firma). También debe presentar una copia de su Tarjeta de Residencia, evidencia de que se ingresó al matrimonio de buena fe, y una copia del acta de divorcio.

LOTERÍA DE LA TARJETA DE RESIDENTE

¿Qué es exactamente el programa de lotería de diversidad (o lotería de la Tarjeta de Residente)? ¿Por qué se creó?

El programa de lotería de diversidad fue creado por el Congreso para promover la diversidad ofreciendo la oportunidad de adquirir una Tarjeta de Residencia a personas en países que normalmente no inmigran a los Estados Unidos en grandes cantidades. Por lo tanto, el Congreso creó una nueva categoría de visa llamada Visa DV-1 y un nuevo procedimiento para solicitar la visa llamada la lotería de diversidad de visa, Sin embargo, es un poquito engañoso llamarle Lotería de la Tarjeta de Residencia porque, aún cuando los solicitantes no sean seleccionados inicialmente, no todos van a recibir una Tarjeta de Residencia. Aunque México no califica para la lotería de la Tarjeta de Residencia, varios países de habla hispana sí califican, incluyendo Argentina, Bolivia, Chile, Costa Rica, Cuba, República Dominicana, Ecuador, Granada, Guatemala, Honduras, Nicaragua, Panamá, Paraguay, Perú, España, Uruguay y Venezuela. México no califica.

PMi jefe me dijo que cuando comenzó el programa de la lotería de visa, había 55.000 visas disponibles para personas originarias de países con bajas cuotas de inmigración a los Estados Unidos. Recientemente, supe que el número de visas disponible es de sólo 50.000. ¿Es ésta una señal de que este programa puede terminar?

RNo necesariamente. Como resultado de ciertos cambios en la ley en 1997, 5.000 de esas visas se separaron y se redistribuyeron para usarlas de acuerdo con la Ley de Asistencia (ayuda auxilio, beneficencia) a Centro América y de Ajuste Nicaragüense (Ley Centroamericana de Asistencia y Ajuste para Nicaragua) (NACARA); ésta es una ley de amnistía que permite a los cubanos y nicaragüenses vivir en los Estados Unidos para ajustar su estatus sin necesidad de volver a su país. El programa de la lotería de visa continuará en efecto hasta que el Congreso decida terminarlo.

P ¿Cuál es el formulario que se usa para entrar en el programa de lotería de visa?

R Las entradas para programa de Visa de Diversidad deben presentarse en formato electrónico en el sitio Web del Departamento de Estado a la dirección **www.dvlottery.state.gov**.

P ¿Qué información se necesita incluir en el nuevo Formulario de Admisión de Visa de Diversidad Electrónica (EDV)?

R El Formulario de Admisión EDV requiere mucha de la misma información requerida por la solicitud en papel de años anteriores, así como algunas preguntas nuevas. El Formulario EDV solicita la siguiente información:

> ➤ su nombre—apellido, luego el nombre, luego el segundo nombre;
> ➤ su fecha de nacimiento—día/mes/año;
> ➤ su lugar de nacimiento—ciudad/pueblo, distrito/condado/provincia, y país;
> ➤ su género (pregunta recientemente añadida);
> ➤ su estado civil (pregunta recientemente añadida);
> ➤ el número de niños menores de 21 años de edad que usted tiene (pregunta recién añadida);
> ➤ cónyuge y/o hijos sin casarse menores de 21 años de edad con nombres, fechas de nacimiento y lugares de nacimiento;
> ➤ su país de origen, si es diferente de su país de nacimiento;

➤ su dirección postal y número de teléfono actual (dirección electrónica); y,

➤ su foto.

6.

Ciudadanía de Estados Unidos

Existen cuatro maneras de convertirse en ciudadano de EE.UU. La primera es la más fácil y es el haber "nacido" en los Estados Unidos o en uno de sus territorios. La segunda es haber nacido fuera de los Estados Unidos de "padre o madre ciudadano/a de EE.UU.". La tercera es por "naturalización" y la cuarta es "si sus padres se naturalizan antes de que usted cumpla los 18 años".

En este capítulo contestamos preguntas sobre cómo adquirir la ciudadanía de EE.UU. Colocamos un énfasis particular en la naturalización porque ésta es la vía hacia la ciudadanía que usan los residentes permanentes legales. La naturalización requiere ciertos prerrequisitos, que incluyen: cinco años como residente permanente legal y un período de residencia continua (ininterrumpida) en los Estados Unidos. También tratamos los requisitos del examen del lenguaje y de historia de los EE.UU.

La naturalización también requiere que la persona tenga un pasado de buen carácter moral y libre de actividad criminal. Estos requisitos pueden llegar a ser muy peligrosos. Analizamos algunos de los problemas más comunes que la gente en la sociedad moderna puede enfrentar al tratar de vencer o superar antecedentes no tan perfectos.

Puede significar mucho trabajo obtener la ciudadanía. También se puede perder con facilidad. A pesar de que, a través de los años, la Corte Suprema de los EE.UU. ha moderado las reglas en cuanto a *la pérdida de la ciudadanía, todavía es posible perder este gran privilegio. Si usted toma la "nacionalidad de otro país", "sirve en el ejército de un país extranjero", "trabaja para un gobierno extranjero", o "comete traición", puede perder su ciudadanía.*

Los ciudadanos estadounidenses naturalizados pueden perder su ciudadanía por otras razones y enfrentar un proceso de "desnaturalización" que suena casi como ciencia-ficción. Este proceso puede aplicarse retroactivamente y quitarle la ciudadanía.

CALIFICAR

PMis padres han estado viviendo en los Estados Unidos como residentes permanentes extranjeros por doce años. Yo nací en los Estados Unidos después de que mis padres llegaron aquí. Ahora, todos queremos ser ciudadanos de Estados Unidos. ¿Cómo pasamos de nuestro presente estado al de ciudadanos?

RComo regla general, existen dos maneras en las que una persona puede hacerse ciudadano de Estados Unidos—por nacimiento o naturalizándose. En su caso, el propio hecho de que usted nació físicamente dentro de los Estados Unidos le concede automáticamente el estado de ciudadanía. El segundo método es hacerse ciudadano de Estados Unidos a través del proceso de naturalización, en el cual los residentes permanentes legales extranjeros (como sus padres) presentan el Formulario N-400 al USCIS para solicitar la naturalización.

PMi mamá es de Jamaica y mi papá de Belice. Ambos vinieron a los Estados Unidos hace muchos años y aquí es donde yo nací. ¿Soy ciudadano de Jamaica, de Belice o de los Estados Unidos?

RDefinitivamente usted es ciudadano de los Estados Unidos. Adquirió su ciudadanía al nacer en los Estados Unidos, sin importar la ciudadanía de sus padres. Sin embargo, también puede ser ciudadano de Jamaica y/o de Belice, dependiendo de las leyes de ciudadanía que tengan esos países, y si alguno de esos países reconoce la ciudadanía doble.

PMi esposa y yo viajamos a los Estados Unidos con una visa de visitante B-2. Planeábamos estar de vacaciones por seis semanas y después volver a nuestro país. Sin embargo, mi esposa, que estaba embarazada de siete meses, tuvo un parto prematuro y nuestro hijo nació en los Estados Unidos. Volvimos tres semanas después. ¿Es nuestro hijo ciudadano de los Estados Unidos, aún cuando sólo estuvo allí por tres semanas?

RSí. El nacimiento en los Estados Unidos otorga la ciudadanía automáticamente a la persona nacida aquí. Éste es un derecho garantizado en la Catorceava Enmienda de la Constitución de los Estados Unidos.

P Mi amiga de la Facultad de Derecho, que nació en Guam, insiste que es ciudadana norteamericana por nacimiento. Yo creo que, quizás, sea elegible para solicitar la ciudadanía porque Guam es un territorio de Estados Unidos, pero que ella no es automáticamente ciudadana. ¿Quién tiene razón?

R Su amiga de Guam tiene la razón. Los individuos que nacieron en los Estados Unidos, incluyendo Guam, las Islas Vírgenes de EE.UU. y Puerto Rico (excepto que hubieran nacido de un diplomático extranjero), son ciudadanos de Estados Unidos por nacimiento. Sus certificados de nacimiento son prueba de su ciudadanía.

P Mi esposo es ciudadano de Estados Unidos y yo soy ciudadana de Nueva Zelanda. Hemos estado viviendo en Corea durante el último año debido a requisitos de su trabajo. Cuando yo tenía 8½ meses de embarazo, volví a mi país, Nueva Zelanda, para dar a luz a nuestro bebé. ¿Hay alguna posibilidad de que nuestro hijo pueda ser ciudadano de Estados Unidos?

R Sí, siempre que se hayan cumplido ciertas condiciones. Su esposo, que es ciudadano de Estados Unidos, debe haber mantenido la residencia en Estados Unidos antes de que su hijo hubiera nacido. Su esposo debe mostrar prueba de residencia en los Estados Unidos proporcionando una copia del alquiler de un departamento, de ser dueño de alguna propiedad, o de hacer su devolución de impuestos de los Estados Unidos. Por otra parte, si su esposo, que es ciudadano de EE.UU., puede demostrar que vivió por más de cinco años en los Estados Unidos, y de que al menos dos de esos años fueron después de cumplir los 14 años, su hijo puede obtener la ciudadanía de EE.UU.

PMi papá es ciudadano estadounidense y yo soy ciudadana de EE.UU. pero nací en Alemania y crecí allí. Me casé con un hombre de Turquía y vivimos en Turquía por diez años. Hace dos años tuvimos una hija que nació en Turquía y tiene ciudadanía turca. Hace un año, nos divorciamos y yo he decidido venir a los Estados Unidos. Ahora, quisiera traer a mi hija y oficializar su ciudadanía de EE.UU. ¿Puedo hacer eso?

RSí. La regla general es que, para que usted pueda sacar la ciudadanía para su hija, debería demostrar que usted ha estado físicamente presente en los Estados Unidos por un período de no menos de cinco años, dos de los cuales tienen que haber sido después de haber cumplido los 14 años. Usted no puede hacer eso porque creció en el extranjero; pero la ley también indica que si su padre fue ciudadano de Estados Unidos y cumplió con estos requisitos de estar presente físicamente, su niña puede beneficiarse de que se acelere la naturalización como ciudadana de EE.UU.

P Mi esposo es ciudadano de EE.UU., pero yo no. Mientras vivíamos fuera de los EE.UU., di a luz a nuestra hija que ahora tiene un año. ¿Cómo pruebo que ella es ciudadana cuando volvamos a los Estados Unidos?

R Hay ciertos procedimientos que uno debe seguir para obtener prueba de la ciudadanía estadounidense de su niña. Primero, usted debe ir al consulado de Estados Unidos en el país en el que está viviendo y su esposo debe mostrar prueba de su ciudadanía de Estados Unidos. Después, debe proporcionar una copia del acta de nacimiento de su hija al oficial consular. Finalmente, debe proveer prueba de que su esposo era residente de Estados Unidos antes del nacimiento de la niña. El oficial consular entonces le entregará un documento que confirma el estado de su hija como ciudadana de Estados Unidos, el cual podrá usarse para obtener el pasaporte estadounidense de la niña para viajar de vuelta a los Estados Unidos.

P Soy ciudadano de los Estados Unidos y ahora estoy divorciado. Mi hijo nació fuera de EE.UU. y nunca tratamos de obtener su ciudadanía estadounidense. Ahora, mi ex esposa se va a volver a casar. Quisiéramos traer a nuestro hijo de cinco años a vivir a los Estados Unidos. ¿Podemos obtener la ciudadanía de EE.UU. para él?

R De hecho, la ley estipula que se acelere la naturalización para niños/as extranjeros/as de ciudadanos de EE.UU. que están viviendo fuera de los Estados Unidos. Su hijo es menor de 18 años y, por lo tanto, parece calificar siempre que usted, como padre ciudadano, haya estado presente físicamente en los Estados Unidos por un período no menor de cinco años y que, al menos dos de los cuales hayan sido después de haber cumplido los 14 años.

PMi esposa y yo somos ciudadanos estadounidenses. Acabamos de adoptar un bebé. ¿Es nuestra hija automáticamente considerada ciudadana de EE.UU.?

RSí. Bajo la Ley de Ciudadanía del Niño/a, que entró en efecto el 21 de febrero del 2001, la mayoría de los niños/as nacidos en el extranjero se vuelven ciudadanos de EE.UU. automáticamente en la fecha en que inmigran a los EE.UU. En el pasado, el/la niño/a adoptado/a mantenía la ciudadanía del país extranjero donde había nacido hasta que la solicitud de ciudadanía para el/la niño/a era aprobada por el USCIS.

PNo soy ciudadano estadounidense ni residente permanente extranjero, pero mi mamá es ciudadana de los Estados Unidos. Mi madre siempre me ha dicho que yo tengo el derecho de llamarme ciudadano de Estados Unidos porque ella lo es. ¿Tiene razón?

RDe acuerdo con un nuevo cambio en la ley, usted puede calificar para ser ciudadano de Estados Unidos. Si nació fuera de los Estados Unidos antes del 24 de mayo de 1934 de una madre ciudadana de los Estados Unidos, usted es considerado ciudadano de Estados Unidos por nacimiento, siempre que su madre haya residido en los Estados Unidos antes de su nacimiento.

P Soy ciudadana estadounidense y mi esposo es residente permanente extranjero. Hace un año y medio que estamos casados y vivimos en los Estados Unidos. Mi esposo quiere hacerse ciudadano lo antes posible. ¿Cuán rápido puede solicitar la naturalización?

R Como regla general, los residentes permanentes extranjeros deben haber estado viviendo cinco años de residencia continua en los Estados Unidos antes de solicitar la ciudadanía. Los cónyuges de ciudadanos de los Estados Unidos (como su esposo), sólo necesitan comprobar que tienen tres años de residencia continua en los Estados Unidos antes de presentar la solicitud. Debido a que usted ha estado casada por menos de dos años, su esposo es considerado residente condicional extranjero.

P Soy residente permanente extranjero y he vivido en los Estados Unidos por catorce años. Recientemente me mudé de la costa oeste a la costa este. Ahora estoy en el proceso de solicitar la naturalización. ¿Tiene importancia en qué estado estoy viviendo mientras haya cumplido el requisito de cinco años de residencia continua en los Estados Unidos?

RSí. Como factor adicional al requisito de la residencia continua, usted debe también haber vivido en el estado en el cual presentó la solicitud por al menos tres meses antes de presentar la solicitud.

PMi hermano es residente permanente extranjero condicional y ha estado casado por un año y medio con su esposa que es ciudadana de Estados Unidos. Han estado teniendo problemas maritales y ahora están separados. Poco antes de la separación presentaron el Formulario I-751 para retirar las condiciones sobre su residencia y también presentaron el Formulario N-400 para que él pudiera pedir la naturalización. ¿Va la separación a afectar sus posibilidades de que él se haga ciudadano de los Estados Unidos?

RPosiblemente. El requisito de tres años de residencia referente a los cónyuges de ciudadanos de los Estados Unidos (como su hermano), sólo hay que cumplirlo si la pareja ha estado viviendo en unión marital durante el período de tres años. Algunos árbitros han interpretado que esto significa que un divorcio legal, una separación legal, o hasta posiblemente una separación informal, es suficiente para terminar la unión matrimonial. Su hermano debe estar consciente de que, la mayor parte de los tratadistas, expertos en los procesos de naturalización han interpretado que el concepto de vivir en unión matrimonial significa, literalmente, residir juntos.

PMi mamá y yo somos residentes permanentes extranjeras hace ya siete años. A pesar de que estamos agradecidas por las oportunidades que hemos disfrutado en los Estados Unidos, ambas nos sentimos todavía muy allegadas a nuestro país de origen y no queremos perder esa ciudadanía. ¿Hay algún requisito legal de que nos hagamos ciudadanas de Estados Unidos después de cierto período de tiempo de ser residentes permanentes extranjeras?

RDe ninguna manera. A pesar de que muchos residentes permanentes extranjeros quieren naturalizarse como ciudadanos (hacerse ciudadanos por naturalización), no es un requisito que lo tengan que hacer. Usted y su madre pueden escoger vivir como residentes permanentes extranjeras por tiempo indefinido. Sin embargo, es importante recordar que existen muchas ventajas que los ciudadanos de EE.UU. disfrutan que no se les permiten a los residentes permanentes extranjeros.

PYa hace cuatro años que estoy en los Estados Unidos. Me enlisté en la Marina de los Estados Unidos durante la Guerra del Golfo y, al final de la guerra, fui eximido con licencia honrosa del servicio activo. Mi amiga, que quería hacerse ciudadana de los Estados Unidos, me informó que no existe forma que yo pueda hacerme ciudadano estadounidense puesto que nunca fui residente permanente extranjero. ¿Tiene razón?

RSu amiga, en parte, tiene razón. Generalmente, todos los extranjeros deben primero ser residentes legales permanentes antes de poder presentar la solicitud para ser ciudadanos de los Estados Unidos. Sin embargo, existe una excepción a esta regla— aquellos extranjeros que han servido honorablemente en el servicio activo durante época de guerra, no necesitan ser residentes permanentes extranjeros antes de solicitar la naturalización para hacerse ciudadanos de los Estados Unidos.

PNo hablo inglés con fluidez. ¿Será eso un problema cuando haga la solicitud para ser ciudadano por naturalización?

RPosiblemente. El requisito general es que el solicitante debe ser capaz de leer, escribir y hablar inglés común. Solamente porque usted no habla inglés con fluidez no significa que automáticamente se le niegue la naturalización. Esto incluiría palabras y frases simples que son comúnmente utilizadas en el idioma inglés.

PMi vecina ha sido residente extranjera durante seis años. Por suerte, su hijo sabe inglés y puede traducirle. Ella tiene sólo 42 años, por lo que no califica para el examen de lectura y escritura del inglés para propósitos de naturalización. ¿Puede utilizar a su hijo como traductor para que le ayude a que califique para la naturalización?

RSí y no. A pesar de que el hijo pueda traducirle para que ella entienda las preguntas, ella debe poder hablar, leer y escribir el inglés corriente. Si obtiene la entrevista de naturalización y no puede demostrar habilidad para leer, escribir y hablar un inglés común que satisfaga al oficial de naturalización, es probable que su solicitud sea postergada. Lo bueno es que si no satisface la parte de la entrevista referente al inglés, gobierno o historia, le pueden hacer otra cita para un segundo examen dentro de los noventa días de la entrevista original para la naturalización (o en una fecha más adelante si ella lo pide y firma una renuncia al derecho de tener una decisión del USCIS dentro de los 120 días).

PMi mamá y mi papá han sido residentes permanentes legales por veinticinco años. Ambos tienen alrededor de sesenta y cinco años y, recientemente, decidieron solicitar la naturalización. Aunque su lengua nativa es el inglés, los dos tienen un poco de problemas para leer y escribir debido a su edad. Están nerviosos en cuanto a su habilidad para pasar el requisito del examen de inglés para obtener la naturalización. ¿Hay algún tipo de arreglo que se pueda hacer para ellos?

RSí. Existen varias excepciones a la regla general de que todos los solicitantes deben demostrar habilidad de leer, escribir y hablar el inglés corriente. Estas excepciones incluyen las siguientes personas:

➤ aquellos con alguna discapacidad que no les permite cumplir con el requisito;

➤ aquellos con una discapacidad de desarrollo o impedimento mental;

➤ aquellos que tienen más de cincuenta años de edad (el día que presentaron la solicitud) y que han vivido en los Estados Unidos como residentes permanentes extranjeros por al menos veinte años; y,

➤ aquellos que tienen más de cincuenta y cinco años (el día que presentaron la solicitud) y que han vivido en los Estados Unidos como residentes permanentes extranjeros al menos quince años.

Pareciera que sus padres califican para la exención basándose en la edad y en el número de años que viven en los Estados Unidos como residentes permanentes extranjeros.

PMis padres están contentos de saber que están exentos de tomar el examen de inglés. ¿Pueden asumir que también estarán exentos de tomar el examen de historia de los Estados Unidos?

RDefinitivamente no. Para la mayoría de los solicitantes, existe una lista de cerca de cien preguntas, de las cuales el examinador usualmente va a preguntarle al solicitante cerca de diez preguntas. El solicitante debe contestar correctamente por lo menos siete de esas preguntas. Sin embargo, posiblemente sus padres encajen en una pequeña excepción a la regla general. Si sus padres tienen más de sesenta y cinco años (el día que presentan la solicitud) y han vivido en los Estados Unidos como residentes permanentes legales extranjeros por al menos veinte años, se les permitirá tomar una versión más corta del examen de historia de los Estados Unidos. Se les harán alrededor de diez preguntas, de unas veinticinco preguntas posibles. Necesitan contestar al menos seis preguntas correctamente.

PEstoy en el proceso de presentar una solicitud para la naturalización. Mientras reviso el formulario, veo que existe una sección referente al carácter moral. Siempre he considerado ser una persona decente y todos mis amigos dicen que tengo un buen corazón. ¿Es eso suficiente para satisfacer el requisito de un buen carácter moral?

RNo necesariamente. Aunque sus amigos lo consideren ser una buena persona, usted debe demostrar que no ha estado involucrado en prostitución, contrabando, bigamia, que no ha hecho juegos ilegales, o que no ha tenido ningún otro tipo de comportamiento criminal o moralmente censurable. Aunque el enfoque es en su comportamiento durante el período de residencia continua (tres o cinco años), eso no previene al USCIS a que examine su comportamiento pasado antes de satisfacer el requisito de residencia continua.

SOLICITAR LA NATURALIZACIÓN

PA mi hermano le otorgaron el estado inmigratorio como residente permanente extranjero hace cerca de un año. Él está ansioso de tomar el próximo paso y solicitar la naturalización. ¿Cuán rápido puede empezar el proceso?

RLa solicitud para la naturalización se puede presentar al USCIS hasta tres meses antes de cumplir los requisitos para la residencia. Generalmente, la fecha también es tres meses antes del quinto aniversario de la fecha en que el extranjero se hizo residente permanente (para los residentes permanentes extranjeros que están casados con ciudadanos estadounidenses, la fecha es tres meses antes del tercer aniversario de la fecha en que el extranjero se hiciera residente permanente).

PA pesar de que mi hermano sólo ha sido residente permanente extranjero por alrededor de un año, está ansioso de presentar la Solicitud para Naturalización. Él cree que, debido a las largas demoras en el proceso de las solicitudes, si presenta la solicitud para su naturalización con anticipación, se estaría beneficiando. ¿Es verdad?

RSu hermano puede llegar a hacer más daño al tratar de presentar su solicitud para la naturalización muy temprano. Casi seguro que el examinador del USCIS se dará cuenta de que su solicitud fue presentada antes de los tres meses anteriores al aniversario de su estado como residente permanente extranjero. Eventualmente, se le informará que todavía no es elegible para solicitar la naturalización y, posiblemente tenga que empezar otra vez todo el proceso en el momento adecuado.

PMi amigo, que es residente permanente legal, ahora quiere presentar la solicitud para la ciudadanía. Aunque es ciego y pueda serle difícil terminar el proceso de naturalización, tiene miedo que, pedirle al USCIS que le

provea ayuda especial, pueda tener un impacto negativo en su solicitud. ¿Tendría que estar preocupado?

R De ninguna manera. Lo que su amigo necesita hacer es, primero determinar si necesita una renuncia por discapacidad o si, simplemente necesita que se le haga un arreglo (servicio o convenio) especial. El hecho de que su amigo es ciego, sugiere que lo que necesita es que se le haga un servicio especial. La parte tres del Formulario N-400, Solicitud para Naturalización, pregunta específicamente si el solicitante necesita pedir un arreglo especial basado en una discapacidad o impedimento (como el ser ciego). El pedir este tipo de arreglo no le afecta a su amigo en cuanto a la elegibilidad para la naturalización. La decisión de otorgarle este servicio está hecha caso por caso, aunque el USCIS hará todos los esfuerzos para que el arreglo sea razonable.

P Mi hermana está en el proceso de solicitar la naturalización. ¿Es el Formulario N-400, Solicitud para Naturalización el único documento que necesita presentar al USCIS para completar el proceso de solicitud?

R Definitivamente no. Además del Formulario N-100, su hermana debe también presentar una copia de su Tarjeta (de los dos lados, anverso y reverso), dos fotografías idénticas, y cualquier otro documento que indique que es elegible para ser ciudadana de los Estados Unidos. Estos otros documentos pueden incluir actas de matrimonio, de divorcio, de nacimiento o de defunción, devolución de impuestos, o documentos de la corte relacionados con la manutención de un niño(a) o asuntos o cuestiones criminales. Una buena regla general es que, si uno contesta una pregunta en la solicitud que pueda ser sustanciada con otros documentos, es mejor incluir esos documentos con la solicitud para que no haya demoras innecesarias en el proceso.

PMi compañera de trabajo está llenando su Formulario N-400, Solicitud para Naturalización. Ella ha dejado algunas preguntas sin contestar y ha puesto sólo una respuesta vaga a otras preguntas. Su plan es llenar los detalles cuando esté más adelantada en el proceso de solicitud. ¿Es ésta una buena estrategia?

REs una estrategia muy mala. El examinador de naturalización del USCIS va a mirar cuidadosamente todas las solicitudes para asegurarse de que están llenadas completamente y correctamente. Si existen muchos espacios vacíos que son obvios en la información que se entregó, la solicitud no se va a aceptar por completo. Su compañera de trabajo probablemente termine perdiendo (no ahorrando) mucho tiempo al no presentar una solicitud llenada detalladamente.

PMi hermano está completando el Formulario N-400, Solicitud para Naturalización, y me ha pedido que busque unas fotografías viejas de él para presentar con la solicitud. ¿Importa cómo se ve y qué está usando en la foto?

RBastante. Los requisitos de las fotografías son muy específicos y el proceso de la solicitud se puede demorar si no cumple con los requisitos. Primero, debe presentar dos fotografías idénticas a color que muestren la imagen de su cara de frente. También, las fotos deben estar sin enmarcar e impresas en papel delgado con fondo blanco. Las fotografías deben haberse tomado dentro de los treinta días de presentar el Formulario N-400, Solicitud para Naturalización. Su hermano también debe imprimir su nombre y su número de extranjero suavemente en lápiz en la parte de atrás de cada foto. Por último, no debe usar nada en la cabeza (incluyendo gorras, pañuelos o cintas), excepto si se le requiera cubrirse la cabeza por razones religiosas.

PMi primo tiene un paquete de solicitud completo del Formulario N-400 y sabe dónde enviarlo por correo. Después que presente la solicitud, ¿se le mandará la cuenta por el costo requerido?

RNo. Cuando su primo presente el paquete de la solicitud, debe incluir el costo necesario o la solicitud no será aceptada. El costo actual para presentar la solicitud del Formulario N-400 es de $330 dólares. Sin embargo, debido a que los costos de la solicitud a veces cambian, antes de presentar ninguna solicitud, sería bueno que su primo llamara a su oficina local del USCIS o lo buscara en el sitio Web del USCIS en el **http://uscis.gov** y revisara la sección de Formularios y Costos para asegurarse de tener la información más reciente referente a los costos de la presentación de solicitudes.

PMi compañera de trabajo ha presentado el Formulario N-400, Solicitud para Naturalización, le han sacado las huellas digitales, y tiene la cita para la entrevista de naturalización en dos meses. Se ha planeado una reunión en su país de origen en tres semanas. Puesto que está tan cerca al fin del proceso, ¿está bien que viaje fuera del país hasta que sea el momento de su entrevista?

RSí. A pesar de que muchos solicitantes tienen miedo de viajar al extranjero hasta tener el certificado de naturalización (o el pasaporte de EE.UU.) en las manos, legalmente su compañera de trabajo puede viajar a su país hasta que tenga la entrevista en dos meses. Ella no tiene que estar presente físicamente en los Estados Unidos desde el momento de presentar la solicitud hasta el momento en que jura ser ciudadana. Puede salir de los Estados Unidos siempre que no rompa su período de residencia continua.

PMi novio presentó la Solicitud para la Naturalización hace más o menos cuatro meses y recién acaba de completar su cita para las huellas digitales. ¿Cuánto tiempo más tendrá que esperar para hacerse ciudadano por naturalización? ¿Cómo puede revisar el estado de su solicitud?

RAfortunadamente, su novio está aproximadamente a mitad del proceso para ser ciudadano por naturalización. Puede revisar el estado de su solicitud llamando al Centro de Servicios del USCIS donde presentó su solicitud, o puede buscarlo en línea en el sitio Web del USCIS al **http://uscis.gov**.

PUna compañera de trabajo recibió una carta donde le pedían que presentara documentos adicionales. ¿Debería esperar hasta que le den la cita para que le tomen las huellas digitales y recién entonces presentar los nuevos documentos?

RNo. No es común que el USCIS necesite documentos adicionales para completar los requisitos de cada solicitante. El oficial de inmigración de la oficina donde toman las huellas digitales no le recibirá ningún documento adicional que fuera requerido. Allí tienen un único propósito: tomar las huellas digitales. Es muy importante que su compañera de trabajo responda en forma correcta a los requerimientos de inmigraciones. La carta que ella ha recibido le informa exactamente qué tipo de documentos necesita y adónde debe enviarlos. Su compañera de trabajo debe cuidadosamente seguir las instrucciones y cumplir con la fecha especificada en la carta. Si no lo hiciera, puede dilatar el proceso de la solicitud significativamente, o puede ocasionar que le nieguen su solicitud debido al hecho de que no ha respondido a la petición de documentos adicionales.

PMi prima recibió una carta del USCIS informándole el día, la hora y el lugar donde tiene la cita para tomarle las huellas digitales. Debido a un conflicto de horarios, ella no podrá asistir a su cita. ¿Hay algo que pueda hacer en cuanto al hecho de que va a faltar a su cita?

RSu prima debería llamar inmediatamente al número de teléfono mencionado en la carta donde le dan la cita y tratar de cambiar la fecha de su cita. Si eso no es posible o si la fecha de la cita está más cerca o ya ha pasado (pero está dentro de los ochenta y cuatro días de su cita original), su prima también tiene la opción de aparecer en la dirección mencionada en la lista de la carta cualquier miércoles para aprovechar el servicio de visita sin cita. La responsabilidad cae sobre su prima de tratar de reprogramar la cita o de usar el servicio de visita sin cita. Si su prima simplemente no hace caso de la carta y pasan ochenta y cuatro días o más desde la fecha de su cita original, la solicitud puede demorarse o posiblemente serle negada por abandono.

P Acabo de recibir una notificación por correo del USCIS que me dice el día, la hora y el lugar de mi entrevista para la naturalización. Desdichadamente, la fecha cae en un día en el cual voy a estar fuera de la ciudad de vacaciones. ¿Hay un día de entrada sin cita (visita sin cita) que pueda aparecer para la entrevista como lo hay para la cita de las huellas digitales?

R No. Si no le es posible asistir a la entrevista para la natu- ralización, usted debería notificar inmediatamente a la ofic- ina donde tiene la entrevista. Debería llamar a la oficina y mandarles una carta pidiéndoles que le den otra entrevista. Es importante que usted sepa que el reprogramar la entrevista le va a agregar varios meses a su período de espera.

NOTA: Si se presenta una emergencia y usted no puede llegar a su entrevista para la naturalización, debería llamar inmedi- atamente al Centro Nacional de Servicio al Cliente (NCSC) al 800-375-5283 para reprogramar su cita (hacer otra cita).

Entonces, su pedido se pasará a su oficina local, la cual tomará la decisión final en cuanto a reprogramar su cita.

PMi compañera de trabajo, quien se mudó hace poco, solicitó la naturalización hace aproximadamente ocho meses y tiene cita para presentarse a su entrevista para la naturalización en 2 meses y medio. ¿Debería esperar hasta su entrevista para avisarle al USCIS y a la oficina local que se mudó?

RAbsolutamente no. Si el USCIS no puede contactarse con su compañera por teléfono o por correo, pueden pensar que ha abandonado su solicitud y, administrativamente, le cerrarán el caso. Lo más probable es que el USCIS le niegue la solicitud para la naturalización basándose en que la solicitante falló en aparecer o en reprogramar la cita para tomarle las huellas digitales, la entrevista de naturalización o la ceremonia del juramento.

PMi hermano ha pasado por el largo proceso de naturalización y ha completado ya ayer su cita para la naturalización. Él respondió todas las preguntas correctamente y le dieron un papel que dice que lo contactarán en varias semanas. ¿Tendrá que empezar a mirar su correo para cuando venga el acta de naturalización?

RNo exactamente. Su hermano todavía tiene una obligación más que cumplir antes de recibir su acta de naturalización. Asumiendo que la solicitud haya sido aprobada, su hermano recibirá por correo una notificación de la Ceremonia de Juramento para la Naturalización. Su hermano puede escoger que la Ceremonia de Juramento la haga el USCIS o una corte elegible. Durante la Ceremonia de Juramento, él deberá hacer un juramento de lealtad a los Estados Unidos. Su hermano recibirá su acta de naturalización al final de la Ceremonia de Juramento.

P Mi empresa está ansiosa de enviarme a un seminario de capacitación por dos semanas fuera del país. Sin embargo, la fecha para la ceremonia de juramento está programada para cuando voy a estar en el seminario. ¿Debería decirle a mi empleador que no puedo asistir al seminario o debería informarle al USCIS que no puedo asistir a la Ceremonia de Juramento?

R Los solicitantes que no pueden asistir a la Ceremonia de Juramento ya programada para ellos deben enviar una carta a la oficina local (con la notificación original de la Ceremonia de Juramento que el USCIS le envió). En su carta, usted debe pedir otra cita para una fecha posterior (después de su seminario) o pedir que su cita se acelere y que se le programe para una fecha más cercana (anterior a su seminario). El USCIS puede permitir acelerar la ceremonia de naturalización cuando el solicitante demuestra suficiente causa, basándose en circunstancias especiales, tales como enfermedades serias del solicitante o de un familiar del solicitante; discapacidad permanente que podría prevenir la presencia personal del solicitante; discapacidad de desarrollo; edad avanzada; o, circunstancias urgentes relacionadas con viaje o empleo.

PHe completado el proceso de naturalización y he recibido mi acta de naturalización; sin embargo, en la ceremonia de juramento, me quitaron mi Tarjeta de Residencia. ¿Tendré que doblar mi acta de naturalización y mantenerla en mi cartera o billetera para tener conmigo prueba de mi ciudadanía?

RYa no necesita la Tarjeta de Residencia porque ahora usted es ciudadano de EE.UU. Es una firme sugerencia que obtenga un pasaporte de EE.UU. lo antes posible después de recibir su acta de naturalización. De hecho, muchos solicitantes pasan directamente de la ceremonia de juramento al correo para solicitar su pasaporte estadounidense.

PMi prometido recibió recientemente su acta de naturalización y después compramos una casa y nos mudamos. En algún momento durante la mudanza, mi prometido perdió su acta de naturalización. ¿Puede volver al USCIS y pedir una copia nueva?

RSu prometido no podrá recibir una copia nueva del acta de naturalización de la oficina local del USCIS. En cambio, puede presentar el Formulario N-565, Reemplazo para Documento de Ciudadanía por Naturalización. Su prometido debería saber que podría tomar hasta un año antes de recibir el certificado de reemplazo.

P Mi compañera de trabajo completó su entrevista para la naturalización hace cuatro semanas, y hoy mismo, recibió en el correo una carta del USCIS que indica que su solicitud para la naturalización ha sido negada. ¿Debería ella llamar a la oficina local para tratar de hacer una cita con el oficial de naturalización que la entrevistó originalmente?

R No. Su compañera de trabajo debería presentar el Formulario N-336, Pedido de Audiencia sobre una Decisión para la Naturalización, para requerir una audiencia administrativa con otro oficial de inmigración. Su compañera de trabajo tiene treinta días después de la fecha de la negación para pedir la audiencia. También, junto con el Formulario N-336, ella debería incluir el costo de presentación de $265 dólares y cualquier documento, declaración escrita, o informe que pueda entregar para apoyar su intento de obtener la naturalización. Finalmente, su compañera de trabajo debería saber que su pedido para que se le conceda una audiencia será negado si no se presenta dentro de los 30 días, y el costo de la solicitud no se le devolverá. En la mayoría de los casos, le darán una cita para una audiencia dentro de los 180 días de haber presentado la apelación.

FACTORES DETERMINANTES

PAcabo de completar el proceso de naturalización y he recibido mi acta de naturalización. He estado alentando a mi hermano, que es residente permanente extranjero, para que se haga ciudadano naturalizado. Sin embargo, se muestra un poco reacio debido a que tiene un récord criminal. ¿Tiene razón en estar preocupado?

RSí. Aunque un récord no lo descalifica automáticamente a su hermano para la naturalización, definitivamente debe estar consciente del efecto que su historial criminal pueda tener en sus oportunidades de hacerse ciudadano. Si su hermano tiene un antecedente criminal debido a violaciones de tráfico u otros crímenes menores, no se le impedirá hacerse ciudadano. Sin embargo, si sus antecedentes criminales se relacionan con convicciones criminales graves, se le puede prohibir hacerse ciudadano para siempre.

Además, el solicitante para la naturalización debe llenar el Formulario N-400 en la manera más completa y exacta posible. Mentir en cualquier parte del proceso de naturalización demuestra falta de buen carácter moral.

Es más, aún cuando su condena haya sido cancelada (erradicada), es muy importante ser honesto con el USCIS en todo momento cuando se refiere a temas de antecedentes criminales. Su hermano debería contestar honestamente todas las preguntas referentes a arrestos (aún cuando no haya llegado a ser condenado), condenas (aunque hayan sido erradicadas o hayan ocurrido antes de que tuviera 18 años de edad) y cualquier crimen que haya cometido (aunque no haya habido arresto o no haya estado en la cárcel).

P Mi tía ha sido residente permanente extranjera por siete años y quiere solicitar la naturalización. Sin embargo, hace dos años, presentó la solicitud para que su hijo fuera residente permanente extranjero. En esa solicitud, ella indicó que no estaba casada, cuando en realidad lo estaba. ¿Le importará al USCIS esa infracción?

R Bastante. Si el USCIS se da cuenta de que su tía mintió en una petición anterior para que su hijo entrara a los Estados Unidos, es probable que su solicitud para la naturalización pueda negársele y su hijo puede ser deportado. Quizás tenga que enfrentar más sanciones por parte del USCIS.

P Mientras estaba llenando mi solicitud para la naturalización, he notado que había preguntas acerca de si alguna vez había dejado de presentar la devolución federal de impuestos o si en el presente debo impuestos que estén vencidos. Aunque nunca dejé de presentar la devolución de impuestos, sí debo una gran cantidad de impuestos federales que, de hecho, están vencidos. Si decido no revelar esta información en mi solicitud o durante cualquier parte del proceso de naturalización, ¿contactará el USCIS al IRS para verificar mi palabra?

R Lo primero que usted debe darse cuenta es de que es muy mala idea mentir, u omitir información intencionalmente durante el proceso de naturalización, porque si su falsa declaración alguna vez se descubre, existe una gran posibilidad de que su solicitud le sea negada porque usted ha demostrado falta de buen carácter moral, sin importar si el problema de fondo referente a los impuestos hubiera sido suficiente para prohibirle que se haga ciudadano por naturalización. Sería ventajoso para usted que conteste todas las preguntas con la verdad durante el proceso de naturalización, y después resuelva el tema del pago de sus impuestos que están vencidos ANTES de presentar la solicitud en el Formulario N-400.

Apéndice A

Los Sitios Web Oficiales del Gobierno

Si usted tiene acceso al Internet, puede ver las leyes de inmigraciones, los formularios, los abogados que se ocupan de inmigraciones, las charlas y los artículos relacionados con inmigración. Para ayudarle en su búsqueda le hemos provisto de los más importantes sitios Web. Existen muchos más. Si desea explorar por su cuenta, simplemente utilice uno de los muchos buscadores. Algunas de estas direcciones son:

www.metacrawler.com
www.google.com
www.askjeeves.com
www.dogpile.com
www.lycos.com

La ley de Inmigraciones es una ley federal. De modo que, para usted los más importantes y absolutamente esenciales sitios Web son los del gobierno de los EE.UU. Como punto de partida, todo lo que necesita sobre los tópicos de inmigración está disponible sin cargo en los sitios Web.

NOTA: Debe tener acceso al programa Adobe Acrobat para imprimir satisfactoriamente los documentos que encuentre. Si desea recibir una versión sin cargo del programa en su computadora (ordenador), diríjase a **www.adobe.com**.

(Las agencias en este apéndice están arregladas aproximadamente por orden de participación en los temas de inmigraciones).

Departamento de Seguridad del Suelo Patrio—www.dhs.gov

Probablemente ésta sea ahora una de las más grandes agencias en términos de recursos físicos, pero tiene el sitio con fines de inmigración más reciente, más remiso, y menos útil, excepto que su directorio, el USCIS compensa sus desventajas.

Servicio de Inmigración y Ciudadanía de los Estados Unidos—http://uscis.gov

Si usted tiene tiempo para un solo sitio Web de Inmigración, seleccione éste para pasar su tiempo. En su recorrido por el sitio Web, éste es una sola parada que contiene casi toda la información de inmigración que usted probablemente encontrará en la Web.

Este sitio tiene lo siguiente: comunicados de prensa, formularios, guías de formularios, y la ley. Antes de que este sitio existiera la manera de obtener formularios de inmigración era una pérdida de tiempo y una experiencia frustrante. Uno de los rasgos más práctico de la página de formularios es la sección que informa cual es la versión de formulario aceptable para el caso.

Imposición de la Ley de Aduanas de Inmigración de los Estados Unidos—www.bice.immigration.gov

Esta agencia reúne la mayoría de las agencias federales que se concentran en la frontera y la imposición de la ley y control de aduana. El sitio Web tiene guías útiles en la sección de inmigración, incluyendo como depositar fianza por un extranjero detenido.

La Protección Fronteriza y de Aduanas de los Estados Unidos—www.cbp.gov

El sitio realiza un buen trabajo en cuanto a la organización de datos de aduana, pero no es muy útil para adquirir información de inmigración.

Departamento de Estado de los EE.UU.—www.state.gov

Comparado con el sitio de primera calidad del USCIS, este sitio no tiene tanta información. Pero sólo para la información sobre los consulados y embajadas, vale la pena consultarlo. Puede encontrar relaciones entre los consulados y las embajadas y sus sitios Web, así como también encontrará el boletín de visa y otras informaciones generales acerca de ellas.

Ministerio de Justicia—www.usdoj.gov

Este sitio es útil porque aunque el Ministerio de Justicia no continúa inspeccionando inmigración, sí prosigue administrando la Oficina Ejecutiva de Revisión de Inmigración. Así que tiene una conexión con ese sitio, como así mismo con las decisiones de éstos.

Abogados Pro bonos para Casos por Estado de Inmigración—www.usdoj.gov/eoir/probono/states.htm

Este sitio es una mina de oro de información para la gente con problemas de inmigración que busca asistencia legal a bajo costo o sin costo.

Oficina Ejecutiva de Revisión de Inmigración—www.usdoj.gov/eoir

Si no tiene fondos para pagarle a un abogado, definitivamente usted debería mantener en su mente este sitio Web. Tienen una lista absolutamente insuperable de proveedores legales pro bono.

Un proveedor legal pro bono le ayudará ya sea gratis o a menor costo que un abogado privado. Vea **www.usdoj.gov/eoir/probono/ probono.htm**.

Ministerio de Trabajo—www.dol.gov

El Ministerio de Trabajo tiene un buen sitio Web. No obstante, necesitará la conexión mencionada en el párrafo de abajo para encontrar la información acerca de inmigración sobre la base de empleo.

Proceso de Condición Laboral (LCB)—www.doleta.gov

Si usted está interesado en inmigración a través de un empleo, este es el sitio absolutamente esencial. Tiene información sobre visas tales como H-1 la cual se obtiene sobre la base de empleo. Adicionalmente, contiene mucha información acerca de cómo funciona una certificación de trabajo. Pero por favor tenga en cuenta que usted debe hacer clic en el título trabajador extranjero para tener acceso.

Ministerio de Salud Publica y Recursos Humanos— www.hhs.gov

El sitio Web tiene alguna información sobre los beneficios que los inmigrantes pueden recibir del gobierno federal. Los extranjeros son elegibles para recibir ciertos beneficios y es conveniente saber cuáles son.

Administración del Seguro Social—www.ssa.gov

Uno de los más desafiantes aspectos de vivir en los Estados Unidos, es la necesidad de tener un número de seguro social. Este sitio puede ayudarle a clarificarle todo. Tiene una lista donde puede seleccionar la casilla de inmigración.

Apéndice B

Organizaciones y Asociaciones sin fines de Lucro de Inmigración

Organizaciones y asociaciones sin fines de lucro de Inmigración Este apéndice le proveerá algunos de los recursos disponibles que le pueden guiar a atravesar lo que comúnmente se llama "la jungla de inmigración y nacionalidad". Le da una extensa lista de sitios Web del Internet sobre varias asociaciones de inmigrantes, servicios de información, y algo más. Le ayudará a encontrar organizaciones y grupos que le pueden ayudar con problemas de inmigración y adaptación cultural.

Asociación Americana de Abogados de Inmigración— www.aila.org

AILA es la primera asociación de abogados de inmigración de Estados Unidos. Tiene conexiones beneficiosas, material de referencia útil en la sección de publicidad y operación de búsqueda para encontrar abogados de inmigración en su área.

Fundación Americana de la Ley de Inmigración— www.ailf.org

Esta fundación está diseñada para ayudar a los inmigrantes en sus cuestiones legales.

Asylumlaw.org—http://asylumlaw.org

Si usted está interesado en el asilo, es un sitio muy bueno para visitar. Cubre todos los tópicos, aún aquellos que van más allá de la perspectiva de EE.UU.

Caridades Católicas, EE.UU.—www.catholiccharitiesusa.org

Para nosotros no es muy fácil de usar, pero es un recurso para los inmigrantes a los EE.UU.

Sociedad de Asistencia a los Inmigrantes Hebreos—www.hias.org

Ha existido desde 1880; vale la pena mirarlo si usted está interesado en temas de reestablecimiento.

Servicio Luterano para Inmigración y Refugiados—www.lirs.org

Un antiguo servicio para refugiados y muy interesante, especialmente si está interesado en temas sobre refugiados.

Centro Nacional de Ley de Inmigración—www.nilc.org

Un centro de apoyo, cuya misión es proteger los derechos de los inmigrantes de bajos ingresos y sus familiares.

Oficina de Reestablecimiento de Refugiados—www.acf.hhs.gov/programs/orr/geninfo/index.htm

Este sitio tarda mucho tiempo en localizarlo pero vale la pena buscarlo.

Centro de Ley de Refugio—www.refugeecenter.org

Este Centro ayuda a los africanos que buscan refugio.

Apéndice C

Oficinas del USCIS

El USCIS es una agencia muy grande, y cumple diferentes funciones. Esta no es una lista completa de todas las entidades que el USCIS opera. Sin embargo, se mencionan algunas de las oficinas importantes que una persona puede llegar a tener contacto y decir cómo se encuentran las otras. Las direcciones están disponibles en el sitio Web de USCIS, pero la lista en el sitio no es tan accesible como otras partes del sitio. Por lo tanto, hemos incluido aquí los domicilios para su fácil referencia.

Antes de que usted se dirija a la entidad USCIS, debe confirmar absolutamente los horarios y asegurarse de obtener información sobre de las medidas de seguridad o algún evento inesperado que pueda causar que ellos tengan la oficina cerrada ese día. Antes de que usted envíe algo que incluya honorarios, verifique en el sitio Web o comuníquese con el departamento de servicio al cliente, si usted está enviando la suma correcta al lugar indicado.

También antes que usted actualmente envíe su solicitud, costos o algún otro material al USCIS, llame por teléfono o vaya al sitio Web para verificar la información que se detalla a continuación. Los procedimientos de USCIS están cambiando permanentemente. Puede comunicarse en el sitio Web al **http://uscis.gov**. El número de teléfono del servicio al cliente es 800-375-5283.

CENTRO DE SERVICIO DE USCIS

EE.UU. OCCIDENTAL

USCIS California Service Center
P.O. Box 30080
Laguna Niguel, CA 92607-0080

Entrega de correspondencia de un día para otro:
USCIS California Service Center
2400 Avila Road
Laguna Niguel, CA 92677

(Esta dirección deberían usarla las personas de Arizona, California, Hawaii, Nevada, Territory of Guam, y el Commonwealth of the Northern Mariana Islands.)

REGIÓN MEDIO OESTE

USCIS Nebraska Service Center
P.O. Box 87400
Lincoln, NE 68501-7400

Entrega de correspondencia de un día para otro:
USCIS Nebraska Service Center
850 S. Street
Lincoln, NE 68508

(La gente de los siguientes estados utilizará este centro: Alaska, Colorado, Idaho, Illinois, Indiana, Iowa, Kansas, Michigan, Minnesota, Missouri, Nebraska, North Dakota, Ohio, South Dakota, Utah, Washington, Wisconsin, y Wyoming.)

REGIÓN CENTRO SUR

USCIS Texas Service Center
P.O. Box 851204
Mesquite, TX 75185-1204

Entrega de correspondencia de un día para otro:
USCIS Texas Service Center
4141 North St Augustine
Dallas, TX 75227

(*El Centro de Servicio de Texas recibe documentos que provienen de los siguientes estados: Alabama, Arkansas, Florida, Georgia, Kentucky, Lousiana, Mississippi, New México, North Carolina, Oklahoma, South Carolina, Tennessee, y Texas.*)

COSTA ORIENTAL

USCIS Vermont Service Center
75 Lower Weldon Street
St. Albans, VT 05479-0001

Entrega de correspondencia de un día para otro:
USCIS Vermont Service Center
75 Lower Weldon Street
St. Albans, VT 05479-001

(*Este Centro de servicio se ocupa de los estados de Connecticut, District of Columbia, Delaware, Maine, Maryland, Massachusetts, New Hampshire, New Jersey, New York, Pennsylvania, Rhode Island, Vermont, Virginia, West Virginia, Commonwealth of Puerto Rico, y the U.S. Virgin Islands.*)

OFICINAS DE DISTRITO Y SUB-DISTRITO DEL USCIS

El USCIS también tiene oficinas de distrito y sub-distrito. Antes que usted vaya a una oficina, mire el sitio Web para estar seguro de que la oficina se encuentra abierta. Confirme su cita. Verifique si puede entrar al edificio.

Algunas oficinas proveen variados servicios. Otras tienen servicios específicos. Si tiene que ir a una suboficina, primero visite el sitio Web del USCIS a **http://uscis.gov**. para confirmar que el servicio que usted necesita lo ofrecen en esa ubicación.

Índice

H

I

L

Lavado de dinero, 59
Ley Centroamericana de
    Asistencia y Ajuste para
    Nicaragua (NACARA), 157
Ley de Ciudadanía del Niño/a,
    167
Ley de Control y Reforma de
    Inmigración de 1986, 77
Ley de Fraude Matrimonial,
    128
Ley de Inmigración Legal de
    Equidad Familiar del año
    2000 (LIFE), 128, 147–148
Ley de Protección del Estatus
    del Niño, 2, 10–11, 12
Ley de Reforma para Visas de
    Entrada y Seguridad
    Fronteriza Incrementada, 31
Ley "Patriota" de Estados
    Unidos de América, 31
Lotería de la Tarjeta de
    Residente, 156–159
    duración, 157
    formulario para entrar,
        158–159
    países que cualifican, 157

M

Matrimonio, 155
    entre ciudadanos y no ciu-
        dadanos, 3
cohabitar, 6
documentos para probar, 4
entre mexicanos, 2
entre primos, 4–5
separación, 5
separación legal, 5–6
después de tener visa de
    inmigración, 6–7
válido, 3
visa de prometido(a) (Visa K),
    3
MRP. *Véase Pasaporte Legible
    por Lectores Ópticos*

N

Naturalización. *Véase también
    Ciudadanía de Estados Unidos*
acta de, 182–183
cambiar cita para entrevista
    de, 181–182
cambio de dirección durante
    el proceso de, 182
Ceremonia de Juramento
    para la, 183
consecuencias de mentir en
    la solicitud, 187–188
efecto de historial criminal,
    186
negación, 185
prerrequisitos, 161
requisito de residencia con-
    tinua, 168–169

Los Autores

ebbie M. Schell, JD es abogada y escritora y ejerce su profesión en la Oficina Legal de Kurt A. Wagner. Es miembro
de la Asociación de Abogados de Inmigración Norteamericana
(AILA) y del Comité de Inmigración y Nacionalidad de la
Asociación de Abogados de Chicago. Ella comenzó muy temprano
con su experiencia de inmigración, cuando su madre inmigró de
Jamaica hacia los Estados Unidos de Norteamérica y su padre
vino de Belice. La licenciada Schell ha editado libros legales así
como también trabajos sobre la ley de asilo. Su clientela incluye
tanto refugiados como individuos o compañías que necesitan
ayuda con los temas de inmigración. Adicionalmente, ella tiene
mucha experiencia con los temas de derechos humanos relacionados con empleo y vivienda.

ichard E. Schell, JD es abogado, escritor y ejerce como con-
sejero en la Oficina Legal de Kurt A. Wagner. Tiene una
trayectoria legal extensa editando e investigando con un importante editor legal en las áreas de leyes internacionales y leyes de
agricultura. Él ha estudiado leyes internacionales en la

Universidad de Notre Dame en Londres. Además, es un frecuente escritor y conferencista sobre tópicos legales internacionales y desarrollo de pequeñas compañías.

Kurt A. Wagner ha recibido su licenciatura como abogado con altos honores (Magna Cum Laude). Es autor, conferenciante universitario y fundador de la Oficina Legal de Kurt A Wagner, ubicada en Illinois (EEUU) y Austria. Es miembro activo de la Asociación de Abogados del Estado de Illinois, de Chicago y de Washington, D. C. en la Sección de Leyes Internacionales y de Inmigración. Anteriormente prestó servicios como funcionario oficial consular del Ministerio de Asuntos Exteriores de los Estados Unidos, con experiencia en procesamiento de visas en las embajadas de EEUU con sede en el exterior. Él da clases relacionadas con temas legales en la Universidad de Klagenfurt y en el Instituto Técnico de Carinthia en Austria. Además presta servicios como Jefe de Edición de Publicaciones Legales de la Universidad Southern Illinois.